100兆円ビジネスを巡る五大陣営の死闘

ポイント経済圏20年戦争

名古屋和希

ダイヤモンド社

まえがき

日本は世界にも類を見ないポイント大国といわれる。楽天ポイントやｄポイントといったポイントがひしめき、現金のように至る所で利用できる。そして、近年は「ポイント経済圏」という概念も広く浸透してきている。

数字を見れば、その経済圏は今やとてつもない規模に膨らんでいることが分かるだろう。野村総合研究所の推計によると、２０２２年度に民間で発行されたポイントの総額は1兆２３４２億円。ポイントの発行には、物やサービスの購買などが伴う。つまり、ポイントの発行額をベースにすると、少なくとも１１０兆円もの巨大な消費がひも付いているのだ。

ポイント経済圏が誕生したのは03年のこと。この年、日本初の共通ポイントであるＴポイントが産声を上げた。当時、ポイントは単なる「おまけ」にすぎず、経済圏をつかさどる存在になると気付いた者はいなかった。ところが、20年ほどの間に、さまざまな業種やサービス、さらにリアルとインターネットの垣根を越えた巨大な経済圏が築かれた。

ポイント経済圏はなぜここまで発展したのか。理由の一つにテクノロジーの進化があるのは間違いない。スマートフォンの浸透によって拡大したキャッシュレス決済は、経済圏を直接的に肥大化させた。さらに、個人情報や、ポイントを媒介に集めた単品単位の購買データといったビッグデータの活用が広がり、それまでは「勘頼み」だったマーケティングに革命が起きた。その結果、企業がこぞって殺到し、面的にも経済圏を広げている。

しかも、データを基にしたマーケティングはますます進化している。一例が、最大の経済圏を誇る楽天グループが開発した、ＡＩ（人工知能）システム「Rakuten AIris（楽天アイリス）」と呼ばれるマーケティングツールだ。肝となるのが、1億人近い楽天会員の個人情報や、楽天市場などでの購買データ、さらに楽天ポイントを介してもたらされるリアルの購買データといったビッグデータだ。

楽天アイリスは、会員の属性や、「車を保有している」「海外旅行によく行く」などの消費行動を９００項目以上に分類。独自のアルゴリズムで解析することで、楽天会員の中から商品やサービスを購入する可能性がある見込み客を抽出できる。新商品の発売やキャンペーンなどの際に、あらかじめＡＩで絞り込んだ見込み客にアプローチをかけることで高い効果が期待できる。リアルのポイント加盟店での本格活用も視野に入れる。

デジタル化が進み、企業はさまざまなデータを取得できるようになった。ただ、データの中でもとりわけ価値が高いのが購買データである。確かに、米グーグルは検索エンジン経由で膨大な検索データを持つ。ただし、ある人がある車について検索したというデータがあっても、その人が実際に購入したかどうかまでは分からない。購買行為を示す購買データは、マーケティングにおいてより有用なのだ。購買データに代表されるビッグデータの存在によって、ポイント経済圏はビジネスや企業の命運を左右する超重要なエコシステムになったのだ。

本書はポイント経済圏を巡る五大陣営の攻防の内幕を描いたものだ。最初にポイント経済圏の礎を築いたのがＴポイントである。ビデオレンタルチェーンのＴＳＵＴＡＹＡを運営するカルチュア・コンビニエンス・クラブが立ち上げた。そこに、三菱商事が主導するＰｏｎｔａ（ポンタ）が参戦。その後、楽天やＮＴＴドコモも続き、最後発としてソフトバンクグループがＰａｙＰａｙ（ペイペイ）ポイントを投入した。

強固な経済圏を築いたＴポイントは後発の楽天やドコモに次第に押し込まれることになる。そして、24年には、三井住友フィナンシャルグループがＴポイントをのみ込む形で参戦。ＴポイントはＶポイントに統合された。先駆者だったＴポイントの歴史は20年で終焉を迎えた。

もちろん登場するプレーヤーはポイントを運営する五大陣営だけではない。そもそも、消費に密接なポイントに絡んでいる企業は極めて多岐にわたる。主な業種だけでも商社、金融、通信・ＩＴ、石油元売り、小売り・外食、アパレル、運輸など。あまたの企業も経済圏を巡り合従連衡を繰り広げている。

そして、今や企業はポイント経済圏を軸に大きな戦略を打ち出すことも多い。24年4月10日、東京都内で会見したドコモ社長（当時）の井伊基之とアマゾンジャパン社長のジャスパー・チャンは握手を交わした。通信とＥＣ（電子商取引）の巨頭がポイント事業で提携したのだ。実は、これまでの覇権争いの歴史を踏まえれば、両社の提携は必然ともいえる。ポイント経済圏という概念は、今のビジネスの節理を読み解く上でも欠かせないのだ。

本書の第一章から第三章まではＴポイント経済圏の歩みをまとめた。Ｔポイントがどのように生まれたのか、また危機をどのように乗り越えて発展を遂げたかについて描いている。第四章はＴポイント誕生前のＴＳＵＴＡＹＡの草創期を振り返る。三木谷浩史や孫正義ら後の時代の寵児たちの因縁をひもとき、現在の経済圏の覇権争いに至る道筋を浮かび上がらせる。

第五章から第七章では、1強支配体制を構築していたＴポイントへの対抗軸を打ち出す動きを追ったものだ。後発の楽天が、Ｔポイント経済圏にどのように風穴を開けていったかを描いている。第八章では五大勢力の熾烈な攻防をつまびらかにする。楽天とドコモの幻の提携構想などの秘話も紹介する。

本書は、関係者への徹底取材を基に20年間にわたる五大陣営の攻防を克明に描き出している。ただ、単にポイント経済圏の歴史を振り返ることを目的とした読み物ではない。むしろ、意識したのは企業やビジネスの命運を握る重要なエコシステムとなったポイント経済圏の真の姿を浮かび上がらせるという点である。ポイント経済圏の本質についても明らかにしていきたい。

名古屋和希

目次

文中敬称略

プロローグ　三木谷浩史へのだまし討ち

「すぐに来てほしい」。2012年6月18日、Tポイントの「生みの親」である笠原和彦は楽天（現楽天グループ）会長兼社長の三木谷浩史に急きょ呼び出された。

笠原はカルチュア・コンビニエンス・クラブ（CCC）で日本初の共通ポイントであるTポイントを03年に立ち上げ、ポイント経済圏という画期的なエコシステムを築いた。10年秋にCCCを去っていた笠原は、三木谷に請われ、楽天の顧問を引き受けていた。

当時、楽天の本社は東京・品川にあった。急いで駆け付けた笠原が社長室に入ると、三木谷に加え、幹部がずらりと顔をそろえていた。常務執行役員の山田善久や楽天市場担当で常務執行役員の高橋理人、常務執行役員の中島謙一郎、社長室長の安藤公二といった面々だ。その場にいた誰もが神妙な面持ちを浮かべていた。

「ヤフー（現LINEヤフー）との提携を明日発表することになった」。三木谷がそんな電話を受けたのは、少し前のことだ。電話の相手は、CCC創業者で社長の増田宗昭である。

三木谷と増田の付き合いは長い。1997年、ビデオレンタルチェーンのTSUTAYAで急成長を続けていたCCCは米ディレクTVや三菱商事などと合弁会社を立ち上げ、衛星放送事業に参入する。準備段階から、ＣＣＣのサポートを任されたのが、主要取引行の日本興業銀行（現みずほ銀行）のバンカーだった三木谷である。興銀はＣＣＣの衛星放送事業に１００億円を融資し、当時東京支店長で後にみずほコーポレート銀行（現みずほ銀行）頭取となる齋藤宏が、三木谷をアドバイザーとして送り込んだのだ。

三木谷はメインバンクの単なるお目付け役とは一線を画していた。自ら徹夜でプレゼン資料を作り、ディレクＴＶ側との英語でのタフな交渉にも当たった。ビッグプロジェクトをまさに粉骨砕身で推し進めたのだ。

ＣＣＣにとって大博打だった衛星放送事業は、ビジネスそのものが伸び悩んだ上に、経営が混乱。結局、ディレクＴＶとの合弁会社のトップを務めていた増田が主要株主に解任され、ＣＣＣは衛星放送事業からほうほうの体で撤退することになる。

97年に楽天を起こした三木谷にとって14歳年上の増田は一足先に起業した兄貴分のような存在だったといえる。三木谷がＣＣＣの社外取締役を、増田が楽天の社外取を務めていたこともある。

つまり、提携発表前の増田の三木谷への電話は、長年の深い縁に対して仁義を切る意味合いがあったのだろう。

しかし、三木谷にとってＣＣＣが提携先にヤフーを選んだという話はにわかに信じ難かった。日本のインターネット業界では横綱のような存在である楽天にとって、ソフトバンク（現ソフトバンクグループ）創業者の孫正義が設立したヤフーは同じく横綱の地位にある宿命のライバルである。ヤフーと増田のＣＣＣが組む。三木谷にとっては頭の片隅にすらなかったシナリオだった。

しかも、過去にディレクＴＶとの合弁会社の設立を巡るゴタゴタでＣＣＣとソフトバンクの関係は疎遠となっていたはず。その両者が手を組むことは、まさに青天のへきれきだったのだ。

電話でのやりとりの中で、増田は三木谷にこう釈明したという。「ヤフーと提携交渉を進めていることは直前まで知らなかった」。ＣＣＣとヤフーの提携は増田の部下が独断で進めていたということである。

笠原が呼び出されたのは、その増田の発言の解説のためだった。意見を求められた笠原はこう断言した。「増田さんは知っていたと思いますよ」。ＣＣＣで20年近く右腕として増田を支えてきた笠原にしてみれば、増田がこれほど重要な案件に関わっていないことはあり得なかった。

笠原自身、ＣＣＣに在籍していたときに、他の企業との提携交渉などで増田からしばしば横やりが入った経験があった。

ただ、三木谷はまだ釈然としない様子だった。三木谷は増田の言い分を信じたかったのかもしれない。それだけ、CCCとヤフーが手を組むという事実の衝撃は大きかったのだ。

笠原は一計を案じた。おもむろに自らの携帯電話を取り出すと、三木谷や幹部らの前で、かつての部下であるCCC幹部の電話を鳴らし、スピーカーに設定した。三木谷をはじめ、その場にいた楽天の幹部は押し黙って、笠原とCCC幹部の会話に耳を傾けた。

「ヤフーとの交渉は大変だったでしょ」。笠原がそう水を向けると、かつての部下はあっけらかんとこう語った。「宮坂さん（当時ヤフーCEO〈最高経営責任者〉の宮坂学）と交渉していたんですけど、合意しそうになると増田さんが条件を変えろと言ってきたりして大変でしたよ。結局、1年ぐらいかかりました」。

「お疲れさん」。そう言って笠原が電話を切ると、部屋は水を打ったように静まり返った。直前に聞かされたどころではなかった。わずか数分のやりとりで、三木谷たちはだまし討ちだったことを悟った。

「最強タッグで日本のポイント市場を変える」。その翌日、東京都内で開かれたヤフーとCCCの資本・業務提携の記者会見。両社トップの増田と宮坂が、がっちりと握手を交わし、高らかにそう宣言した。

提携の内容は両社のポイントをCCCが展開するTポイントに統合し、会員IDをヤフーに統合するというものだ。日本初の共通ポイントであるTポイントの会員はこの年に4000万人を突破。ファミリーマートやJXホールディングス（現ENEOSホールディングス）といった業界大手と組んで巨大な経済圏を構築し、名実共に王者の地位にあった。最強タッグという表現は当時としては決して大げさではない。Tポイントが持つ店舗網というリアルと、圧倒的なシェアを誇るポータルサイトを持つヤフーのネットをつなぐ最も適した組み合わせだったのだ。

ただし、CCCが踏み切ったヤフーとの提携が皮肉にも経済圏の勢力図を一変させる大きなきっかけとなる。ネットの世界で最強のポイントを持つ楽天のリアルへの進攻を誘発することになったからだ。

楽天のポイントは楽天市場の成長の起爆剤だった。日本国内でEC（電子商取引）の巨人、米アマゾン・ドット・コムへの対抗軸を楽天が築き上げることができた背景に、ポイントの存在があることは間違いない。

楽天スーパーセールなどで何倍ものポイントを付ける手法など、楽天のポイント戦略は優れていた。アマゾン関係者はこう語る。「アマゾンジャパンも（アマゾン創業者の）ジェフ・ベゾスに日本でポイントを始めたいと訴えていた」。

ただし、楽天のポイントはネットの世界にとどまってきた。理由は、楽天社内にあった慎重論だ。ポイントをリアルの世界にも開放すると、顧客がネットからリアルに流れてしまうとの懸念があった。付与したポイントがリアルで使われてしまうことに対する楽天市場の店舗の反発も予想された。

笠原には、楽天ポイントはリアルでも使える共通ポイントにすべきとの持論があった。楽天の顧問に就いてから、三木谷に進言したこともあった。けれども、三木谷が首を縦に振ることはなかった。

三木谷が参入に慎重だった理由はほかにもあったとみる向きもある。それが、増田への遠慮である。ある楽天関係者はこう明かす。「増田さんとはガチンコで戦いたくなかったのかもしれない」。実際、それまで楽天とCCCが直接相まみえる局面はなかったのだ。

しかし、CCCとヤフーの提携を境に、三木谷はリアルへの参戦に大きく傾いていく。楽天社内で、共通ポイント化への本格的な検討が進み、ヤフーとCCCの提携発表からわずか数カ月後には加盟店の開拓がスタートした。楽天がリアルへの進軍を決めたのだ。

そして、14年10月に楽天は共通ポイントに参入する。当時、ヤフーと提携したTポイントと三菱商事陣営のPonta（ポンタ）の2強が巨大なポイント経済圏を築き上げていた。楽天の参入で、20年にわたるポイント経済圏を巡る覇権戦争の第2幕が開く。楽天が3番手という後発から2強に下克上を仕掛けていくことになる。

第一章
Tポイント誕生

60枚のポイントカード

20世紀最後の年である2000年。新たな世紀を控え、「ミレニアム婚」や「ミレニアムベビー」といった言葉がはやり、世の中は沸いていた。

まさに時代の変わり目のこの年、ビデオレンタルチェーン、TSUTAYAで躍進していたカルチュア・コンビニエンス・クラブ（CCC）は転機を迎えることになる。

2000年4月26日、CCCは東京証券取引所マザーズ（当時）に上場を果たした。同日午後に東証で記者会見した創業社長の増田宗昭は「（TSUTAYAの）出店のポテンシャルは3000店ある」と、当時の店舗数を3倍に拡大するとの構想をぶち上げた。

CCCの創業は1983年にさかのぼる。アパレル企業の鈴屋（97年に破綻）に勤めていた増田が大阪・枚方に開業した蔦屋書店が源流だ。増田は当時1本1万円以上もする高額品のビデオに着目し、書籍やレコードの取り扱いに加え、ビデオのレンタル業を始めたのだ。

その2年後に増田はCCCを設立した。資本金1000万円ほどの小さな会社を立ち上げた理由は、ビデオレンタルのフランチャイズ（FC）ビジネスを展開するためだ。CCCのFCビジネスの仕組みは、加盟店にTSUTAYAブランドの利用を認め、対価として売上高の5％の手数料を受け取るというものだった。

当初は苦戦が続いた。文字通り増田の個人商店で会社組織には程遠かったからだ。それでも、市場が持つポテンシャルがCCCの成長を後押しすることになる。80年代は家庭用ビデオデッキが広まり、レンタルビデオのニーズが爆発的に高まった。

ビデオレンタル業がまだ成長を続けていた97年にCCCは大博打に打って出る。三菱商事などと組んで衛星放送事業に参入したのだ。

だが、経営は混乱し、98年に衛星放送会社の社長だった増田が株主から解任されるという結末を迎える。創業から上場までに時間を要したのもこのためだ。

回り道をしたものの、本業であるビデオレンタル事業への成長期待は高かった。業界では中小の事業者が淘汰され、CCCとライバルのゲオ（現ゲオホールディングス）の2強による寡占化が進んだ。増田が大風呂敷を広げたのも、ビジネスモデルに対する強い自信の表れだったといえる。

CCCにとって2000年は転機だったと記した。だが、それは上場を果たした年だったからではない。この年こそ、当時は概念すら存在しなかった共通ポイントの輪郭がおぼろげながら浮かび上がったタイミングだったのだ。

それから20年後には、ポイントは100兆円以上もの消費にひも付く巨大なビジネスに化け、ポイント経済圏が確固たる地位を築くことになる。

実は、日本初の共通ポイント、Tポイント誕生の背景には、CCCが当時抱えていた大きな経営課題の存在があった。Tポイントはどのように着想されたのか。

上場前の90年代後半に話を戻そう。加速度的にビデオレンタル業の加盟店を増やしてきたCCCにとって避けては通れない大きな課題が浮上していた。

それが、会員カードの共通化である。TSUTAYAの店舗のうち、CCCの直営店はごくわずか。ほとんどがスーパーや書店といった流通企業によるFC店だった。そして、いずれの店も看板にはTSUTAYAと掲げられているものの、加盟店はそれぞれ自社グループの会員カードを発行していた。

つまり、オーナーの異なる2店舗を利用する場合、顧客はそれぞれの店舗で会員カードを作る必要があったのだ。「別のTSUTAYAに行くと、また新しいカードを作らないといけない」。TSUTAYAの店舗網が広がれば広がるほど、顧客のそんな不満は高まっていった。

確かに同じ看板を掲げているのに、どの店でも共通の会員カード一枚で利用できないのはおかしなことだ。共通化という流れは顧客の利便性を考えれば、当然ともいえる。

しかし、当時CCC取締役で増田の右腕だった笠原和彦は頭を抱えていた。なぜか。肝心の加盟店のオーナーたちの理解が得られなかったのだ。あるオーナーは、説得する笠原に対してこう言い放った。「うちはサービスが良くないから、カードを共通化したら客が他の店に流れてしまう」。多くのオーナーが似たような発想だった。「それならサービスを良くすればいいのに……」。笠原は内心で苦笑いするしかなかった。

カードの共通化に向けたオーナーたちの説得は97年ごろから始まった。しばらくして、実験的に静岡県と沖縄県で共通化に踏み切ることに成功する。顧客の不満が減ったというデータを示し、再度オーナーたちに全国での共通化を呼び掛ける作戦だった。実際、静岡と沖縄の店では顧客の不満は減り、売り上げも伸びた。それでも、オーナーたちは反対の立場を崩さなかった。

２０００年秋、加盟店向けの方針説明会後の懇親会。通常であれば、オーナーたちと和やかに歓談する場である。乾杯の発声から間もなく、ものすごい剣幕のオーナーたちに取り囲まれた笠原は、３時間近く説明に追われることになる。まさに反対の大合唱だった。会員カードの共通化はＣＣＣの経営課題として長く横たわり、最終的にオーナーたちの合意を得たのは01年春のことだった。

出口の見えないトンネルに光が差すきっかけは、ひょんなことから起きる。２０００年春のある休日のことだ。珍しくゴルフの先約がなかった笠原は、妻の買い物に同行した。

TSUTAYAの会員カードの共通化という経営課題が共通ポイントを生み出すきっかけとなった

行き先は、自宅から最寄りの東急東横線自由が丘駅前にあるドラッグストアである。

その日は特売日だった。気合の入った妻は、カゴにどんどん商品を放り込んでいった。笠原は妻に従い、大きなカゴを二つ抱え、店内をぐるぐると回った。

腕がしびれ、ようやく会計レジにたどり着いたときに、妻があることに気付き慌てだす。「あらっ、ポイントカードがないわ」。すると、妻はすぐに会計をやめた。笠原はしぶしぶと店内に引き返し、商品を全て棚に戻し、帰途に就かなければならなかった。

自宅に戻った笠原は仰天した。妻は、引き出しからなんと60枚ものポイントカードを出してきたのだ。スーパーにドラッグストア……。本当にためているのか分からないようなポイントカードもあった。妻は店舗ごとにカードを使い分け、ポイントを集めていたのだ。あっけに取られると同時に、笠原の頭に一つのアイデアが浮かんだ。「これって1枚のカードになるんじゃないか」。

当時、業種やチェーンの壁を越えて、ポイントがためられる共通ポイントという概念はなかった。しかし、カードの束を目にした笠原は、60枚を1枚にすれば合理的だと思ったのだ。

何より、会員カードの共通化という悩みに、ポイントの共通化が解になる可能性を感じた。「カードを共通化して、共通で利用できるポイントがあれば、加盟店もメリットを感じてくれるだろう」。笠原はそう考えた。

実際、共通ポイントはバラバラのＴＳＵＴＡＹＡをつなぐ触媒になり得るという笠原の直感は間違っていなかった。その後、ポイントが業種やチェーンの壁を越えて巨大なポイント経済圏を生み出したことが、その証左といえる。

ただし、このときは笠原自身もポイントが現金のように広く流通するような未来が来るとは想像だにしていなかった。たった一つの思い付きが、巨大ビジネスに変貌する可能性を秘めていることに気付くのはまだ先の話である。

電通マンのアドバイス

2000年11月末、笠原は全国を飛び回っていた。わずか4日間で札幌から東京、大阪、福岡を回る強行スケジュールの目的は、TSUTAYAの加盟店オーナーに会員カードの共通化への理解を呼び掛けるためだ。

全国展開するTSUTAYAの店舗網は1000店を突破し、その勢いはとどまるところを知らなかった。だが、ボトルネックが加盟店ごとに会員カードが共通化されていなかったことだ。

笠原は各地のオーナーに共通化を説明し、自らが着想したアイデアを付け加えた。「どこでも共通に使えるポイントサービスを展開したいと考えている」。単に会員カードを共通化するのではなく、新たなポイントサービスを加盟店向けの付加価値として提案して回ったのだ。

Tポイントのスタートは、まだあと3年待たなければならない。オーナーの中にポイントの共通化の意味が理解できた者はほとんどいなかった。それでも笠原には加盟店の抵抗を少しでも和らげたいという思いがあった。

加盟店オーナーへの説得工作を進める一方、笠原の頭の中は、ポイントの共通化というアイデアをどう具現化するかということで占められていた。

01年1月、笠原は東京・恵比寿の恵比寿ガーデンプレイスにあるCCC本社で、電通の営業部長だった平野光隆と面会した。笠原と平野の縁は、CCCが97年に衛星放送事業、ディレクTVに参入したときにさかのぼる。

電通の平野はそのディレクTVの宣伝を担当していた。CCCは99年にディレクTVからの撤退を余儀なくされるが、CCCを担当する平野と笠原の付き合いは続いていた。「海外に面白いビジネスがありますよ」。平野は笠原にそう切り出した。平野が笠原に紹介したのは、英国のエア・マイルズという会社が展開するビジネスだった。

エア・マイルズとは、英国の著名起業家であるキース・ミルズが88年にスタートしたポイントプログラムだ。ミルズは複数のビジネスを立ち上げ、12年のロンドン五輪・パラリンピック組織委員会の副会長も務めた。

エア・マイルズの仕組みはこういうものだった。石油大手の英蘭ロイヤル・ダッチ・シェル（現・英シェル）のガソリンスタンドで給油すると、ポイントがたまり、そのポイントを英ブリティッシュ・エアウェイズで利用できた。企業のグループや業種の垣根を越えて使えるポイントだったのだ。

同じようなアイデアを持っていた笠原は平野の話に食い付いた。早速、エア・マイルズにコンタクトを取り、部下と一緒にロンドンに飛んだ。エア・マイルズでは社員が笠原にビジネスの仕組みなどを丁寧に説明してくれた。

後に詳しく触れるが、笠原がTポイントを立ち上げた際に、中枢に据えた加盟店戦略は、エア・マイルズで聞いた話がヒントとなっている。その独自戦略が、Tポイントをポイント経済圏の絶対的な王者に押し上げる原動力となる。

ポイントの共通化の先例を知り、自信を深めた笠原は日本に戻ると、今度は味方集めに動いた。笠原は流通大手に声を掛け、01年3月12日にポイントの共通化に関する勉強会を立ち上げたのだ。

参加したのは、日石三菱（02年に新日本石油に改称、現ENEOSホールディングス）やセブン-イレブン・ジャパン、ユニクロを展開するファーストリテイリング、マツモトキヨシといった企業の幹部たちだ。笠原は見聞してきたエア・マイルズの事例を熱弁した。だが、熱っぽく語る笠原とは対照的に、興味を示す者はいなかった。せっかく立ち上げた勉強会も自然消滅してしまった。

日本初の共通ポイントであるTポイントがスタートするのは、まだ2年半先のこと。勉強会に参加したセブン-イレブン・ジャパンの親会社であるセブン＆アイ・ホールディングスが電子マネー「ｎａｎａｃｏ（ナナコ）」を立ち上げるのは、6年先の07年春である。

大手企業にとってポイントサービスはまだまだ耳慣れない言葉だった。ポイントを共通化するというアイデアは、時代の先を行き過ぎていたといえる。笠原は加盟店の確保が容易ではないことを痛感する。

笠原が前後して進めたことがあった。まず、01年3月中旬に、ＯＭＣカード（現セディナ）の会長だった鈴木雍の元を訪ねたのだ。

鈴木は住友銀行（現三井住友銀行）専務から住友クレジットサービス（現三井住友カード）に転じ、社長を81年から11年間も務めた。

住友クレジットは80年に日本で初めて国際ブランドであるＶＩＳＡを冠した住友ＶＩＳＡカードを発行。後に住友銀行とさくら銀行が経営統合し、三井住友銀行が誕生した際に社名は三井住友カードとなったが、ＶＩＳＡの代名詞ともいえるカード会社だ。

鈴木は強烈なリーダーシップで、業績低迷に苦しんでいた住友クレジットをてこ入れし、高収益企業に脱皮させた。業界で、住友クレジットは「鈴木商店」と呼ばれていたほどだ。ＶＩＳＡの高い知名度も鈴木の力によるところが大きい。まさに、日本でのクレジットカードの普及に貢献した人物である。

鈴木は退任後、ＯＭＣカードに移っていた。ＯＭＣカードは流通の雄、ダイエーが78年にスタートした「オレンジ・メンバーズ・カード」が前身で、巨大なダイエーグループの金融部門を担う存在だった。鈴木は仲が良かったダイエーのオーナー、中内㓛に招かれ、会長を務めていた。

その鈴木と笠原の縁は、CCCの提携カードを発行した90年代前半にさかのぼる。住友カードはCCCが展開するTSUTAYAの主要顧客である若年層の獲得を狙ったが、結果は完全な空振りに終わった。鈴木はしばしば笠原に「史上最低のカードだったな」と言い、大笑いしていた。

そんなクレジットカード業界の「ドン」ともいえる鈴木と面会した笠原は、単刀直入にこう聞いた。「ポイントビジネスって興味ありますか」。対する鈴木は即座にこう返答した。「VISAはやらないだろう」。理由は、クレジットカードとポイントサービスのデータの取り方の違いだった。クレジットカードは決済時に「どの店で幾ら払ったか」というデータを取得する。

一方、笠原が想定していたのが「どの店でどの商品に何円を払ったか」というデータを取れないかということだった。単にどの店でも使えるようにポイントを共通化するだけではなく、ポイントを媒介にして購買データを集めたかったのだ。その先に、マーケティングへの活用を見据えていた。

鈴木はこう解説を付け加えた。「単品ごとにデータを取ると、システム負荷が膨大になる。

決済端末なども更新しなければならず、莫大なコストがかかってしまう」。すでに大きな加盟店網を築いていたVISAにとって、大規模なシステム改修は事実上不可能だったのだ。

Tポイントをスタートする前には、笠原は日本唯一の国際ブランドであるジェーシービー（JCB）の動向にも探りを入れた。

笠原は東京・青山にあるJCB本社を訪れ、三和銀行（現三菱UFJ銀行）出身でJCB社長だった信原啓也に、鈴木のときと同じような質問を投げ掛けた。信原は「JCBはやらない」と断言した。そして、鈴木と全く同じ理由を挙げたのだ。

笠原がクレジットカードの首脳を回ったのは、ビジネスパートナーを探すためではない。むしろ、その逆だ。笠原は、ポイントの共通化ビジネスの最大のライバルになり得るのが、巨大な加盟店網を持つクレジットカード会社だとみていた。仮に、共通ポイントを立ち上げても、大手カード会社が参入してくれば、規模で圧倒的に劣るCCCはひとたまりもなくひねりつぶされたことだろう。

大手2社がポイントビジネスに全く興味がないことを確認し、笠原は胸をなで下ろした。ライバルが登場するリスクは消えたのだ。「ポイントの共通化というアイデアはビジネスになる」。笠原の自信は確信に変わった。

慎重論をひっくり返せ

02年秋、ＣＣＣ本社で開かれていた役員会は重苦しい雰囲気に包まれていた。役員会には、ＣＣＣ社長の増田を筆頭に、社外役員だった楽天（現楽天グループ）の三木谷浩史やフューチャーシステムコンサルティング（現フューチャー）社長の金丸恭文ら10人ほどが出席していた。

議論の俎上《そじょう》に載せられていたのは、ＣＣＣ副社長だった笠原が提案したポイントの共通化プロジェクトである。笠原のポイント構想の柱は、各業界の最大手を囲い込むナンバーワン・アライアンスだった。先駆者が市場を圧倒的に押さえる総取りを狙っていたのだ。「これはやってみてもいいのでは」。役員会ではそんな声もあった。しかし、雰囲気を一変させたのが、ある人物の一言である。「レンタル屋のカードに新日石みたいなところが乗るなんて考えられない」。発言の主は誰あろう増田だった。役員会の場はしんと静まり返った。

当時、ＣＣＣの売上高は１０００億円ほど。片や、増田が引き合いに出した、後にＴポイントの最初の加盟店となる新日石の売上高は4兆円を超えていた。店舗数でも、ＴＳＵＴＡＹＡは１０００店ほどにすぎず、新日石のガソリンスタンド1万店とは大きな開きがあった。

しかも、CCCは2000年に上場を果たしたばかりのヒヨッコだ。大手企業は見向きもしてくれないだろう、と増田が自虐的に考えるのも至極まっとうだった。増田の発言で、参加していた他の役員もプロジェクトへの慎重論に傾いていった。そもそも、笠原は事前に増田にプロジェクトについて根回しをしていた。だが、増田は役員会の場で突如不安を漏らしたのだ。

オーナーである増田の判断であれば仕方ない。役員らも右へ倣った。結局、この日の役員会では、笠原の渾身《こんしん》のプロジェクトはあえなく棄却された。ただ、笠原もそれぐらいで諦めるような人間ではない。構想に自信を持っていたからこそなおさらである。プロジェクトを前に進めるために、ある秘策を講じた。

プロジェクトに慎重な立場を示していた役員の一人に、当時CCC常務だった小城武彦がいた。

増田が立ち上げたCCCの幹部には当時、さまざまなバックグラウンドを持つ者がそろっていた。笠原もNECの出身である。とりわけ小城の経歴は極めてユニークだった。小城は東京大学卒業後、84年に通商産業省（現経済産業省）に入省したキャリア官僚だったのだ。小城はCCCに移籍した後の「日本経済新聞」のインタビューの中で、通産省で中小企業政策などを手掛けるうちに、関心が官から民に移ったと明かしている。

そんなとき、小城は増田に出会い、97年にCCCに入社する。小城が35歳のときである。今でこそ、霞が関からベンチャーに移る例は珍しくはない。だが、当時、エリート官僚が民間企業に移った例は皆無だった。

小城は通産省を途中退職して民間企業に移った第1号として、メディアにも大々的に取り上げられた。官の立場がまだまだ高かった時代にあって、小城がCCCというベンチャーに身を移すことは世の中に驚きをもって受け止められたのだ。

インターネットの勃興期にCCC子会社のツタヤオンラインの社長なども務めた小城は、実店舗のTSUTAYAと連携してネット会員を伸ばすなど経営の才を発揮する。小城は04年夏にCCCを去った後に企業の再生を支援する産業再生機構に身を置き、カネボウ（現クラシエ）の再建を手掛けることになる。その後は、丸善（現丸善CHIホールディングス）の再建などにも社長として取り組んだ。現在は九州大学で教壇に立つ。

話を戻そう。笠原の秘策とは、プロジェクトを小城に任せることだった。笠原の突然の命を受けた小城は戸惑った様子を見せた。そもそも慎重な人物に任せれば、プロジェクトが動かなくなるリスクもある。だが、笠原にはビジネスの発想が豊かな小城は、共通ポイントが持つ可能性を理解できるはずだとの直感があった。

そして、笠原は小城に英国のエア・マイルズから分かれたネクターというポイントプログラムを視察してくるように言い含めた。

ネクターには当時、石油大手のＢＰやクレジットカード大手のバークレイカード、大手スーパーのセインズベリーなど業種を超えたさまざまな企業が加盟していた。笠原が視察したエア・マイルズよりも加盟店網は広く、いまだに英国で屈指のポイントプログラムだ。

現地視察の効果は絶大だった。ロンドンから戻ってきた小城は、共通ポイントの可能性を認識し、慎重論を撤回した。慎重派には、ＣＣＣ常務で顧客データの管理サービスの子会社、アダムスの社長だった三宅恭弘もいた。笠原は、三宅にもロンドンに視察に行くよう言い渡した。帰国した三宅の反応も小城と同じだった。単に賛成に回っただけではない。むしろやる気にあふれていたほどだ。

笠原はもう一人反対していた役員も視察に派遣した。結局、３人とも賛成に回る。そもそも、目にしたことがないビジネスに対して賛成か反対かの判断ができるわけはない。実際に、共通ポイントを目の当たりにすれば可能性が認識できるはずだ。笠原はそう考え、３人に視察を命じたのである。

02年11月14日、プロジェクトを議論する2回目の役員会が開かれた。今回は打って変わり、小城らがプロジェクトの賛成に回った。唯一、慎重な姿勢を崩さなかったのが増田であった。だが、議論の末にプロジェクトは賛成の決議を得た。着想から2年半、ようやく共通ポイント構想を会社として進めることが決まったのだ。

ただし、プロジェクトを進めるに当たって条件が一つ付いた。それが、「加盟店を見つけること」だった。増田はまだ懐疑的だったのであろう。

機関決定と前後して、笠原は各業界の最大手を集めるというアライアンスの構想をベースに具体的な企業名をリストアップしていた。

リストに挙がっていた企業の一つが、石油元売り最大手の新日石だった。ここから笠原は、加盟店集めに東奔西走することになる。日本初の共通ポイントであるTポイントがスタートするのは、翌03年10月のこと。残された時間は少なかった。

新日石の即断即決

プロジェクトにとって、次に待ち受けていた関門が、加盟店の開拓である。共通ポイントの最大の肝は「どの店で使えるか」である。全国に広い店舗網を持つ大手企業を取り込めなければ、競争力はないに等しい。笠原が狙いを定めた新日石は石油元売り最大手で、全国に巨大な店舗網を持つ。同社に参画してもらえれば、プロジェクトに弾みがつく。問題はどうやって交渉を持ち掛けるかだった。

プロジェクトの機関決定から間もなく、笠原は一人の人物に会うために鹿児島へ飛んだ。その人物とは九州屈指の規模を誇る卸売業、Ｍｉｓｕｍｉの社長を務める三角皓三郎である。

笠原が三角の元を訪れたのは、三角が持つ強力なパイプが目当てだった。Ｍｉｓｕｍｉは、三角の祖父である三角巳之八が１９０７年に、新日石の前身である日本石油の特約店として創業した。新日石の特約店の中では、九州で最も大きく存在感は際立っている。

その歴史からもＭｉｓｕｍｉと新日石は深い関係で結ばれていた。現在のＭｉｓｕｍｉのグループＣＥＯ（最高経営責任者）で、三角の娘婿に当たる岡恒憲も新日石出身だ。そして、三角が親しく交流を重ねてきたのが、当時新日石社長だった渡文明である。

渡は日石の副社長として三菱石油との合併を指揮し、99年に石油元売りで国内首位となる日石三菱を生んだ立役者である。２０００年には社長に就き、現在に至るＥＮＥＯＳホールディングスの基盤をつくった。後に石油連盟会長や経団連副会長を務めるなど、石油元売り業界にとどまらず、財界の超大物となった。

年齢は三角が渡の2歳上。営業畑を歩んできた渡と三角は深い関係を育んできた。

鹿児島市内のＭｉｓｕｍｉ本社を訪れた笠原は三角にこう頼み込んだ。「渡さんにポイントビジネスの話を説明させてほしい」。新日石に表玄関から話を持ち掛けても成功の可能性は低い。渡とのコネクションを持つ三角に、いわば口利きを依頼したのだ。

Ｍｉｓｕｍｉ とＣＣＣの関係も良好だった。三角は、特約店を展開する傍ら、ケンタッキーフライドチキンといった外食事業などにも参入。強力なリーダーシップで多角化を推し進めてきた。Ｍｉｓｕｍｉは86年にビデオレンタル業をスタートしてまだ日も浅いＣＣＣとＦＣ契約を結び、ＴＳＵＴＡＹＡも展開していた。

しかも、笠原と三角も古い縁だ。笠原は前職のＮＥＣ時代に特約店向けの新たなＰＯＳ（販売時点情報管理）端末を三角に売り込んだ。従来のカセットではなく、フロッピーディスクを使って販売数量などのデータが記録できるという点が優れていた。

だが、誤算が生じる。鹿児島市内では、桜島から降った火山灰が不具合をしょっちゅう引き起こしたのだ。そのときこそ、三角は笠原に大目玉を食らわせたが、長い付き合いの中で、そんな過去のトラブルはお互いにとって笑い話となっていた。

そんな笠原の頼みに三角は、渡を紹介することを約束した。

それから1カ月後の02年12月27日。仕事納めの日に、ＣＣＣ社長の増田と取締役の三宅が東京・西新橋にあった新日石本社に足を運び、渡と面会を果たす。

増田らは渡にポイントビジネスの可能性を説いた。だが、共通ポイントという概念も存在しない当時、渡がピンときた様子はなかった。渡は増田らとの面会に際し、SS一課の課長だった平山芳樹を呼び出していた。

そして、渡は増田らとの面談後、平山にこう命じる。「俺は分からないから、やるべきかどうか考えろ」。

立教大学を76年に卒業後、日石に入社した平山は野球入社だ。六大学野球では、「怪物」と呼ばれ、後に巨人で活躍した法政大学の江川卓から初めて本塁打を放ったスラッガーでもある。入社後、日石の野球部に所属したが、2年ほどで限界を感じて退部する。その後は、中国地方や四国地方の営業、POS端末の開発なども手掛けた。

当時、マーケティングの部署にいた平山は、カード事業で異業種との提携を進めていた。トヨタファイナンスと提携カードを発行したほか、オリックスとも法人向けに燃料給油カードを出した。さらなる提携を検討しているところに舞い込んできたのがCCCの話だった。

トップが「一」課長にプロジェクトの是非の判断を任せるのは、大企業では極めて珍しい。背景には、渡と平山の関係があった。カード事業を担当する前にPOSを担当していた平山は、しょっちゅうPOSのトラブルに見舞われた。そのたびに、渡に報告に行くことになる。渡は、怒るときは課長だろうが、じかに雷を落とす。

「おまえはクビだ」。平山は渡から4回ほどクビを言い渡されている。ただし、渡はトラブル対応にたけた平山の能力を買っていたのだろう。共通ポイントという全く新しいビジネスに乗るかどうかの判断を託したのだ。

平山は、部下たちに指示し、共通ポイントが立ち上がった場合の稼働率と、それによって伸びるガソリンの販売量を試算した。すると、提示されたシステム利用料などのコスト負担よりも販売の伸びる分が上回った。平山の腹はすぐに決まった。

「これは絶対にやるべきです！」。平山は渡にそう直言する。「珍しく早いな」。渡はそう笑った。平山が渡に報告したのは、増田らとの面談からわずか3日後のこと。まさに、即断即決だった。「そんな簡単に販売が伸びるのか」。社内にはそんな疑問の声もあったが、年明けには決裁が下りた。

平山の判断の裏にあったのは、数字だけではない。平山には、新日石が持つ武器をもっと最大限活用しないといけないという焦りがあった。武器とは、系列のガソリンスタンドによる巨大な店舗網である。

そして、長所を生かすためには、提携という考えも排除しなかった。「自分たちができることは高が知れている。力のある人のふんどしで相撲を取る方がよい」。企業規模ははるかに違えども、ＣＣＣと組むことに違和感はなかったのだ。

また、仲介者である三角の一言も大きかった。三角は渡に増田を紹介した後、平山に「駄目なら駄目でもいいよ」と漏らしていた。三角の発言は、是々非々で判断してほしいというものだった。

平山は、そこに渡と三角の関係性を感じ取った。単なる温情ではなく、筋を通す三角の態度に感銘も受けた。そして、平山はビジネスの観点から判断を下した。

もちろん、ポイント事業の可能性を感じ取っていた平山だが、実際に導入した後にその威力に驚かされることになる。

数字で見ると明らかだ。Tポイントが03年にスタートしてから2年後、笠原らは当時会長だった渡に結果を報告している。レビューによると、05年のTポイントが絡むガソリン販売量は月間1万キロリットルで販売額は150億円ほどだった。

もちろん当時でも共通ポイントは大きな結果を出したと総括された。だが、実はこの数字は足元では月間1000億円まで拡大している。共通ポイントはENEOSに巨大な果実をもたらしたのだ。

平山はその後、ENEOSの執行役員に就任する。そして、子会社の社長を務めた後の13年に本体の副社長に異例の復帰を果たす。実は、平山は楽天が14年に共通ポイントに参入した後に、ポイント経済圏の覇権争いの中で大きな役割を果たすことになる。

ポイントの共通化プロジェクトは、機関決定をしたCCCの社内ですら、大手企業が見向きもしてくれないとの悲観論が根強かった。だが、平山の決断によって新日石が即座に加盟を決めたことで風向きは変わった。共通ポイントプロジェクトは幸先の良いスタートを切ったのだ。

コンビニを獲得せよ

笠原が考案したポイント構想の柱は、各業界の最大手を囲い込む「ナンバーワン・アライアンス」であった。その観点でも、新日石の参画は申し分なかった。ただし、構想にとって欠かせない業態があった。それがコンビニエンスストアである。70年ごろに誕生したコンビニは90年代にかけて目覚ましい成長を遂げてきた。

コンビニの店舗網は全国5万店まで広がり、チェーン同士の競争が過熱した。2000年代に入ってからは、成長鈍化が指摘されたものの、コンビニは消費者に欠かせないインフラへと進化を遂げる。結局、いっときの悲観論をものともせず、その後も成長を続けてきた。

ポイント構想にコンビニが欠かせない最大の理由が、利用頻度である。ガソリンスタンドや外食チェーンの場合、利用は多くても1週間に数回程度。だが、コンビニはそれらをはるかに上回る。コンビニはポイントを回遊させるためにも、なくてはならないピースだったのだ。今でもポイント経済圏にとってのコンビニの存在感は大きい。

笠原はかねて、コンビニ最大手であるセブン-イレブンを巻き込みたいと考えていた。73年に創業したセブンはコンビニの代名詞のような存在であり、01年には銀行業に参入するなどコンビニの進化をリードしていた。

実際、笠原は大本命ともいえるセブンにアプローチを試みている。01年春に笠原が有力な流通企業の幹部を集めた共通ポイントの勉強会にも、セブンの担当者を招いていた。

また、セブンの創業メンバーの一人でセブン-イレブン・ジャパン副会長だった鎌田誠晧にもポイントの共通化構想を打ち明けている。鎌田は笠原にとって同志社大学の先輩に当たる。

独立系商社の東京貿易（現東京貿易ホールディングス）からイトーヨーカ堂に転身した鎌田は、提携した米サウスランド（現セブン-イレブン・インク）のノウハウを吸収し、セブンの礎を築いた功労者でもある。後に、本家のセブン-イレブン・インク再建の陣頭指揮も執った。

「面白いアイデアだね」。共通ポイント構想を熱っぽく説明する笠原に、鎌田がそう興味を示したこともあった。だが、セブンがＣＣＣのポイント構想に乗ってくる可能性はゼロといってよかった。なぜか。その理由は、「コンビニの父」や「流通のカリスマ」などといわれるイトーヨーカ堂社長だった鈴木敏文にあった。鈴木は大のポイント嫌いだったのだ。

さらに、コンビニのフォーマットを一からつくり上げてきたセブンでは、自前主義の志向が強かったこともある。外部のパートナー、ましてやＣＣＣのような新興のベンチャーと組むことはあり得なかったのだ。

ＣＣＣ社長の増田によって鈴木を直接説得する機会も模索されたが実らず、結局、セブンは諦めることになった。

そのセブンに代わり、候補に急浮上したコンビニがあった。それが業界2位だったローソンである。ローソンは流通の雄、ダイエーを親会社として75年に創業した。だが、バブル崩壊とともに拡大路線が行き詰まったダイエーが２０００年以降、経営再建を目的にローソンの株式を三菱商事に譲渡した。

三菱商事は02年5月、ユニットマネージャーという肩書だった新浪剛史をローソンの社長に送り込んだ。新浪は当時43歳。東証1部に上場する小売業では最年少の社長だった。

ローソンの実質的なオーナーがダイエーから三菱商事へ移行するさなかの異例のトップ

人事だった。だが、このタイミングこそがCCCにとって、加盟店開拓の絶好の機会となった。実は、ローソンのトップに就いた新浪と増田は親密な関係にあったのだ。二人は経済同友会での財界活動をきっかけに懇意となっていた。後に新浪はローソンからサントリーホールディングスのトップに転じ、23年には財界首脳の経済同友会の代表幹事に就くことになる。

ただし、当時は二人ともまだ同友会の経営者の中では若手といってよかった。二人の橋渡しをしたのが、フューチャーシステムコンサルティング社長の金丸である。

年齢は増田が八つ上。だが、金丸を介して知り合った二人は意気投合した。二人の縁をきっかけに、CCCとローソンは幾つかの共同施策にも取り組んでいる。

その延長線上にあったのが、共通ポイントである。増田は新浪に、共通ポイントへの参画を依頼した。まだ世の中に共通ポイントという概念はなかったものの、新浪は強い興味を示した。業界首位のセブンを追うためにポイントが強力な武器になると感じ取ったのかもしれない。そして、二つ返事で引き受けた。

「1枚のカードでいろんな楽しみや夢や希望がある、そんなカードをつくりたい。その中でローソンさんとよーしやろう、と」。03年3月3日、東京・恵比寿のウェスティンホテル東京でCCCとローソンが開いたポイント提携の記者会見。増田は抱負をそう語った。

ローソン社長の新浪剛史とカルチュア・コンビニエンス・クラブ社長の増田宗昭の縁がTポイント構想を前進させた

新浪は提携の経緯をこう説明した。

「ローソンの理念を理解していただき、またかつCCCの考え方が生活密着である。それで2社でいろんなことをやれたらいいいね、とそこから提携の話が始まった」。記者会見で、増田と新浪は笑顔でがっちりと握手を交わした。ローソンがCCCの共通ポイント構想の主軸になることが固まった瞬間だった。

ただし、両社の提携は世間的にはほとんど注目されなかった。例えば、「日本経済新聞」は会見翌日の朝刊で、「ローソン・CCC ポイント制度今夏に共通化」という見出しの記事を掲載したが、扱いは小さく記事の分量もわずかだった。

そもそも、記事中では、両社の会見が

開かれたことすら触れられていない。もちろん両首脳のコメントもない。ポイントの共通化のインパクトに気付いた者はいなかったのだ。

03年に増田がローソンの社外取締役に就くなど増田と新浪はしばらく良好な関係を築いた。だが、実のところ、両者の個人的な交遊を前提としたCCCとローソンの蜜月関係はそれほど長く続くことはなかった。

それから4年後、ローソンとCCCはポイント経済圏の覇権を巡ってたもとを分かつことになる。Tポイントにとって最大の危機となったローソンの電撃脱退については、後に詳しく触れる。

新日石に加え、ローソンの参画が決まり、CCCの共通ポイント構想は加盟店開拓という最大の難関を乗り越えたといってよかった。何よりコンビニという業態を押さえられたことが大きかった。

TSUTAYA不在

加盟店開拓に加えて、越えなければならない壁はまだあった。それがシステムである。ローソンや新日石といった加盟店で同じポイントを使えるようにする基幹システムに加え、

POSシステムを構築する必要があった。

有力な加盟店を集めても、ポイントを共通で利用できる基盤がなければ、まさに「仏作って魂入れず」である。CCCは加盟店開拓の動きと並行して、システムの構築を急がなければならなかった。

笠原は、02年11月14日のCCC役員会で共通ポイントのプロジェクトが決議されると、その日のうちに、NECのDCMソリューション事業部長だった木下学にシステム構築を依頼している。

だが、後にNEC副社長となった木下は笠原が説明した共通ポイント構想に渋い反応を見せた。時期を同じくして、NECはCCCのPOSシステムの改修プロジェクトを進めていた。システム負荷が重く、店舗の会計に時間がかかるという問題を解消するためだ。NECはシステム改修に、多くの人員や時間を割いていた。そこに、新たに共通ポイントのシステム構築が降って湧く格好となったのだ。木下からすれば無理難題だった。「いいかげんにしてくださいよ」。木下はNEC時代の1年先輩に当たる笠原にそう言ってため息を漏らした。

共通ポイントのスタートは03年秋を予定していた。時間がない中で笠原が頼ったのが、NECの超大物幹部だった。その人物とは、NECのシステム担当の専務だった金杉明信である。

金杉について振り返っておこう。情報システム畑出身の金杉は2000年に、システムインテグレーター（ＳＩ）事業などを管掌する社内カンパニー、ＮＥＣソリューションズのトップに就任。03年1月には西垣浩司から社長のバトンを受け取ることになる。

世界トップクラスの事業を複数抱え、日本を代表するエレクトロニクス企業だったＮＥＣは2000年以降、ＩＴバブルの崩壊や半導体分野での熾烈な市場争いで業績が悪化していた。

会社が傾くとお家騒動も起きた。西垣は02年12月、社長や会長を歴任し、相談役を務めていた関本忠弘を解任した。ＮＥＣの総合電機化を推し進め、中興の祖とも評される関本の解任理由は、関本路線を修正する執行部に対して批判を繰り返したことだった。西垣の退任は解任騒動による引責ともうわさされた。急きょ、火中の栗を拾う役となったのが金杉だった。

金杉の社長就任直後、ＮＥＣの自己資本比率は1桁台に落ち込んだ。まさに会社存続の危機を迎える中、金杉は社内カンパニー制の廃止など、ＮＥＣが長らく抱えてきた宿痾ともいえる縦割り文化の見直しなどに大ナタを振るう。

だが、その金杉も改革の途上で社長を引くことになる。06年3月、金杉は食道がんの治療のために矢野薫に社長の座を譲り、副会長に就いた。手術後は、公の場に姿を見せたこともあったが、同年11月に65歳で世を去った。金杉の途中降板を惜しむ関係者は多い。

話を戻そう。笠原と金杉の関係は、笠原がＮＥＣに入社した82年にさかのぼる。笠原は大阪・淀屋橋の住友ビルにあった関西支社の第一コンピューター販売部の一担当だった。一方、金杉は情報処理製造装置事業部の営業課長。笠原ら営業マンは金杉の部隊と連携してダイキン工業など大阪の有力企業にシステムを営業していた。

フットワークが軽く、人使いも絶妙な「親分肌」の金杉の存在感は際立っていた。ブリヂストンの販売システムの大型プロジェクトを指揮するなど目覚ましい実績を上げ、笠原ら現場社員の憧れの的だった。

笠原が89年にＣＣＣに転じた後も、金杉との交流は続いた。自宅同士が目と鼻の先で、会食の後に車で送ってもらうこともあった。豪放磊落《らいらく》を地で行く金杉を私淑していた笠原は、金杉が会員だった名門コースの相模原ゴルフクラブにも入会したほどだ。

「ポイントのシステム構築のスピードアップをぜひお願いします」。02年11月26日、笠原はＣＣＣを訪れた金杉にそう直談判した。笠原の念押しに、金杉は首を縦に振る。この日を境にシステム構築は急ピッチで進むことになる。

直後の03年1月に金杉はＮＥＣの社長に昇格し、ＣＣＣの共通ポイントのシステム構築はトップのお墨付き案件となった。笠原も自らPOSシステムの改修の要件チェックなどに当たり、期間短縮を目指した。

だが、人員や期間の工数不足は深刻だった。03年春、CCCは共通ポイントの基盤である基幹システムかPOSシステムのどちらを優先させるかを迫られる。結局、笠原は断腸の思いで、基幹システムの開発を選ぶ。

03年10月、日本初の共通ポイント、Tポイントが産声を上げた。新日石やローソンといったチェーンの垣根を越え、共通でポイントが使えるようになった。だが、そこにCCCが展開するTSUTAYAの店舗は入っていなかった。POSシステムの開発が間に合わなかったためだ。

TSUTAYAで利用できるようになるのは半年遅れの04年3月のこと。それまでは、TポイントなのにTSUTAYAで使えないという情けない事態に陥った。まさに大失態である。突貫工事で進められたシステムにトラブルが生じなかったことが救いだった。TポイントはTSUTAYA不在という波乱の船出だったのだ。

余談となるが、日本初となる共通ポイントのシステム構築を成し遂げたNECだが、Tポイントのスタートから数年後にシステムをつくり直す際にベンダー選定から漏れている。Tシステムを構築したベンダーと顧客企業の蜜月が続くことが多いシステム業界では珍しい事例である。

背景には、後に三菱商事が主導して立ち上げる共通ポイントのＰｏｎｔａ（ポンタ）が絡んでいる。実は、10年にスタートするＰｏｎｔａのシステム開発を手掛けたのが、Ｔポイントのシステムを構築したＮＥＣのメンバーだったのだ。

Ｐｏｎｔａの立ち上げを見据えたローソンの離脱は、Ｔポイントにとって痛恨の出来事だった。ＣＣＣの内部には、強力なライバルの誕生を手助けしたＮＥＣに反感を持っていた者も多かった。そして、Ｔポイントのシステムの再構築の際には、ＮＥＣに代わり日立ソリューションズが選ばれた。新たに生まれたポイント経済圏は、ＩＴベンダーも巻き込んだ激しい覇権争いを繰り広げていたのだ。

第二章

ポイント経済圏の黎明

初日はたった300人

2003年秋に日本初の共通ポイントとして産声を上げたTポイント。その名前の由来は諸説ある。「デザインは『T』がきれいなので、直感（で決めた）」。カルチュア・コンビニエンス・クラブ（CCC）創業者の増田宗昭は後日、メディアのインタビューなどでそう語っている。「T」の由来はTSUTAYAの頭文字ではないという立場である。

ビデオレンタルチェーンのTSUTAYAの加盟店の中には、屋号をTSUTAYAに変えることに抵抗感を持っていた企業があった。「自分たちの屋号の方が客に浸透している」と主張する加盟店オーナーもいたほどだ。そうしたオーナーらにTポイントが誕生したときに、「『T』はTSUTAYAの頭文字です」とは言えない。

CCC副社長の笠原和彦は、Tの名称を採用することに異存はなかった。ただし、こう主張した。「Tomorrow（トゥモロー）」、「Together（トゥギャザー）」、「Top Share Alliance（トップ・シェア・アライアンス）の『T』ということでいいんじゃないか」。三つ目に関していえば、笠原が考案した共通ポイント構想の柱は、各業界の最大手を囲い込む「ナンバーワン・アライアンス」。まさに、その構想を体現した説明だったわけだ。だが、笠原の提案は退けられた。

名称の意味付けこそ曖昧になったものの、Tポイントというブランド名は思いの外、すんなりと決まった。Tポイントという名前は呼びやすく、覚えやすかった。

青地に黄色のTの文字が入った視認性が高いロゴのデザインも強みだった。デザインしたのは、ユニクロなどのロゴを手掛けた著名クリエイティブディレクターの佐藤可士和である。実は、佐藤がデザインしたロゴは、そもそもTポイントではなく、旗艦店である六本木TSUTAYAに使うためだった。それを新たに立ち上げたTポイントのデザインに転用したのだ。

現在のCCCの公式見解は、Tの意味は「Top Share Alliance」である。だが、そもそもTの文字が有力候補として挙がったのは、やはりTSUTAYAというブランドと無関係だったとはいえないだろう。いずれにしろ、Tポイントという名称は共通ポイントが世の中に定着する上で、大きな役割を果たしたことは間違いない。

Tポイントがスタートした頃に話を戻そう。03年10月1日の日本初のポイントビジネスのスタートを控え、CCC社内では高揚感が高まっていた。その一方で、うまくいくかどうかの緊張を人一倍感じていたのが、考案者である笠原だった。

笠原は前日の9月30日に仙台にあるTSUTAYAの加盟店を回っていた。そして、スタート初日の10月1日に帰京した。

Tポイントのスタートに合わせて缶バッジが加盟店に配られたが、浸透には時間がかかった

この日、CCC本社をローソン社長の新浪剛史が訪れた。Tポイントのスタートの状況を確認するためだ。「大きな問題はなくスタートしました」。笠原らCCC幹部と新浪らは現場からそんな報告を受けた。その場にいた全員が、トラブルが生じなかったことにホッと胸をなで下ろした。そして、議論はゲームや書籍の販売協力に移った。当時、CCCとローソンはポイントにとどまらず、幅広い提携を模索していた。

夕方、笠原は新日本石油（現ENEOSホールディングス）のガソリンスタンドとローソンの店舗に足を運んだ。だが、店舗を視察すると不安がよぎった。どの店舗にも、Tポイントが利用できるとのステッカーは張ってあった。だが、「Tポイントカードをお持ちですか」といった店員の声掛けはなかったのだ。

加えて、視察の間に、Tポイントカードをレジで提示した客も一切見当たらなかった。唯一の救いだったのが、ローソンの店舗で店員が胸に付けていた缶バッジである。それにはローソンとENEOSブランドのロゴと共に「Tポイント貯まります」と記されていた。

翌日、笠原は別の仕事をこなすと、初日とは異なる店舗を回った。だが、そこで目にしたのは、昨日と同じ光景だった。この日も店頭での声掛けはなく、Tポイントカードを提示した客も確認できなかったのだ。

そして、3日午前10時、初日のTポイントの利用者の数が判明する。「えっ……」。CCC本社で数字を見た笠原は、言葉にならない声を出してがくぜんとする。利用者数はローソンで300人ほど、新日石に至ってはわずか30人しかいなかったのだ。当時、ローソンと新日石はそれぞれ全国に8000店近い店舗網を持っていた。その店舗数からすれば、Tポイントの利用者は、ほぼいなかったといえる。

そもそも、TポイントはTSUTAYAの会員1300万人をローソンなど加盟店に送客するための仕組みだ。TSUTAYAの会員にはTポイントの利用を呼び掛けていたものの、ローソンや新日石を利用する客層には届いていなかった。さらに、システム開発の遅れで「本丸」であるTSUTAYAでTポイントが使えるようになるのは、04年4月まで待たなければならなかった。

加盟店がポイントサービスを運用する知見もなかった。今では当たり前となった店頭での声掛けだが、全店の従業員に指示を行き渡らせるのは容易ではなかった。要するに、消費者も加盟店も共通ポイントという概念への理解が追い付いていなかったのだ。

04年2月14日、笠原と増田は新浪と日本コカ・コーラ社長の魚谷雅彦とゴルフをプレーした。「いきなりは増えないですね」。笠原や増田は、Tポイントの利用について、新浪とそんな会話を交わした。魚谷にはコカ・コーラの商品にポイントを付けるようなキャンペーンができないかを提案した。

年が明けても利用者の数の伸びはまだまだスローで、1日に200〜300人ほど。TSUTAYAの会員基盤からすれば、あまりにも物足りないペースだった。月間の利用者数が100万人を突破するのは、スタートから5カ月たった04年3月上旬のこと。日本初の共通ポイントは、当初は低空飛行が続いたのだ。

「1業種1社」ルール

スタートからしばらくは利用者の伸びは鈍かったが、新日石やローソンの店頭での積極的な告知によって次第に利用者数は毎日５００～１０００人に伸びてくる。そして両社に遅れること半年、04年4月にＴＳＵＴＡＹＡでもＴポイントが使えるようになる。すると、一気に月間の利用者数は１００万人を超え、毎月10万人以上が新たに利用するようになった。

さらなるＴポイントの浸透に向けてＣＣＣが本腰を入れたのが、加盟店の開拓である。Ｔポイントを使える「場」を増やせれば、利用者増だけでなく、Ｔポイントの知名度も高められる。新日石とローソンに続く有力な加盟店を獲得する必要があった。

Ｔポイントの加盟店戦略の柱が各業界の最大手を囲い込む「ナンバーワン・アライアンス」である。ヒントは笠原がかつて視察した英国のエア・マイルズにあった。同社は各業界の大手とのみ手を組んでいた。

共通ポイントを構想した笠原が最も懸念していた点が強力なライバルの登場である。いち早く新たなビジネスを立ち上げても、資本力や顧客基盤を持つ大手企業が模倣してくれば、ＣＣＣの勝ち目は薄い。

だが、各業界の最大手と真っ先に手を組んでおけば、同じビジネスを立ち上げようとするライバルは、業界の2番手や3番手と組まざるを得なくなる。つまり、最大手の囲い込みこそ、ライバルつぶしの最も有効な手段となるのだ。

これが「1業種1社」というTポイントの成長の原動力となった加盟ルールである。最初に石油元売り最大手の新日石とコンビニエンスストア2番手のローソンを押さえ、Tポイントは極めて有利なポジションを取ることに成功した。

実際、この排他的なルールは競合対策として絶大な効果を発揮する。後にローソンはTポイントを離脱して、Ｐｏｎｔａ（ポンタ）を立ち上げるが、加盟店開拓に苦戦する。例えば、石油元売り業界ではすでにTポイントが最大手の新日石を囲い込んでいたため、Ｐｏｎｔａは当時5位だった昭和シェル石油（19年に出光興産と経営統合）と組まざるを得なかった。

後にCCCを去った笠原が楽天に移籍し、楽天ポイントの拡大を目指す際に、笠原自身が講じたこのルールに苦しめられることになる。それほどまでに1業種1社ルールは強力だったのだ。

Tポイントを拡大させていくべく、笠原は1業種1社ルールをベースに営業リストを作成する。当初、候補に挙がった企業は、ドラッグストアのウエルシア（現ウエルシア薬局）

や、紳士服の青山商事、家電のエディオン、外食のすかいらーく（現すかいらーくホールディングス）や吉野家、スポーツ用品のアルペンなどだ。営業リストはその後、都度更新されていくが、これに沿って笠原は加盟店開拓を進めていくことになる。

すかいらーく攻略に丸4年

最初の加盟店である新日石とローソンこそとんとん拍子に参画が決まったものの、その後の加盟店開拓は難航した。笠原にとって最も苦労した交渉相手がすかいらーくである。

1962年に横川端、茅野亮（旧姓横川）、横川竟、横川紀夫の「横川4兄弟」が創業したすかいらーくは「ガスト」や「ジョナサン」「バーミヤン」といった業態を持つ外食の雄だ。バブル崩壊後の90年代には低価格の新業態であるガストを大展開すると、外食産業のデフレを加速させる「ガスト化現象」とも評された。

すかいらーくとの交渉がスタートしたのは04年に入ってからのことだ。最初に笠原のカウンターパートとなったのが、常務取締役でガストカンパニー代表の相原敏明である。当時、新メニューの試食を繰り返していた相原は体重が130キログラムを超える巨漢だった。

すかいらーくは06年に当時国内最大規模となる創業家によるＭＢＯ（経営陣による自社買収）で非上場化したものの、株主だった野村證券（現野村ホールディングス）傘下の投資会社と、創業家の三男で社長だった横川竟が対立。08年には横川が解任される事態に発展する。その後、11年に米投資ファンドのベインキャピタルに買収され、14年に再上場を果たすことになる。株主が変わる中でも、相原は生え抜きの役員として再建に奔走する。

笠原は相原の元に1年近く通い、Ｔポイントのメリットを説いた。ようやく相原の理解を得た後に、今度は当時社長だった伊東康孝に説明する。だが、伊東は首を縦に振らない。「ポイントなんかで売り上げは上がらない」。そう断じた伊東の元にも笠原は1年間通うことになる。

当時、スタートしたばかりのＴポイントの効果は全くの未知数だった。つまり、実際に売り上げがどのぐらい上がるか分からないわけだ。一方、導入コストや加盟店手数料は明確な数字として出てしまう。経営者は、効果が見えない施策にコストを投じる判断を迫られるのだ。

仮に導入して売り上げが伸びたとしても、「導入しなくても伸びたのでは」とみる経営者も多い。Ｔポイントの利点をどう理解してもらえばいいのか。これが加盟店開拓における最大の課題となった。

笠原はローソンや新日石といった加盟店のデータを示して、粘り強く交渉した。すかいらーくと交渉を続ける間に、加盟店数や会員数が伸びてきたことも説得の追い風となった。当時はまだ、ポイント付与は単なる客への「おまけ」という認識が根強かった。だが、笠原が訴えたのが、データを活用したマーケティングである。すかいらーくでいえば、Tポイントを使えば、あるメニューがどのぐらい客のリピートにつながったかが分かる。それを販売促進策に応用できるのだ。

次第に伊東らの理解を得て、05年7月に内定し、同年9月にガストの一部店舗で試験的に取り扱いが始まった。その2カ月後、本格導入が決まった。「まずガストで始めましょう」。05年11月初旬、笠原は相原から内諾を得る。そして、翌06年4月3日、全国にある約1000のガスト店舗でTポイントの取り扱いがスタートした。

導入後、Tポイントは売り上げの面でまずまずの効果をすかいらーくにもたらした。さらに伊東はマーケティングへのTポイントの活用を推し進める。伊東は新メニューの開発などにTポイントから得たデータを積極的に活用したのだ。

「ほかの業態でも導入したい」。ガストへの導入から約1カ月後、Tポイントの効果を実感した伊東や相原は、笠原にそう打ち明ける。バーミヤンや「夢庵」といったほかの業態の約1000店舗でも導入する方向となった。

だが、そのタイミングですかいら一くの経営体制が大きく変わる。03年に取締役を退いていた横川竟が、会長復帰を経て07年1月に社長に就いたのだ。伊東は副会長に就いたが、07年8月に退任する。バーミヤンの業績不振の責任を取った格好で、事実上の更迭だった。

Tポイントの議論は振り出しに戻った。「売り上げが上がらなかったらどうするんだ」。Tポイントについて説明する笠原に横川はそう言った。笠原は、相原や伊東と何度となく繰り返した議論を再びしなければならなかった。結局、ほかの業態でTポイントが導入されるのは08年1月。交渉開始から4年近くがたっていた。

難産とはなったものの、すかいら一くの加盟はCCCにとって大きな御利益をもたらす。それは単に加盟店網が広がっただけではない。実は、横川の後ですかいら一く社長となった谷真の下、Tポイントを活用したマーケティング手法が磨き上げられたのだ。新たなマーケティング手法は、CCCがほかの外食チェーンに営業をかける際の大きな武器となり、Tポイントの拡大を後押しすることになる。

ポイント「倍付け」の大発明

すかいら一くの参画に4年を要するなど、加盟店の開拓は一筋縄ではいかなかった。04

年のアポイントメントを記した笠原の手帳からは積極果敢な営業活動の一端が垣間見える。

3月　アミューズメント施設運営のラウンドワン
4月　日本マクドナルド社長の八木康行
4月　マツモトキヨシ専務の吉田雅司
7月　無印良品を展開する良品計画専務の金井政明
8月　オートバックスセブン社長の住野公一
同月　スターバックスコーヒージャパン創業者の角田雄二
同月　ワールド社長の寺井秀藏
同月　「カメラのキタムラ」のキタムラ会長の北村正志
9月　サンクスアンドアソシエイツ（現ファミリーマート）元社長の橘高隆哉
10月　モスバーガーのモスフードサービス社長の櫻田厚
11月　マツモトキヨシの吉田

いずれも分厚い顧客基盤を持つ有力な流通企業ばかりである。参画してもらえれば、Tポイントの大きな売りになる。当初、笠原は営業先で一部店舗でのテスト導入を推していた。Tポイントの効果に自信があったからだ。

それに乗ったのが、マツモトキヨシである。笠原のカウンターパートで、後に社長に就く吉田の主導で、一部の店舗で試験的に導入した。また、03年にクレディセゾンとの提携カードの利用額に応じたポイント還元をやめていた良品計画も、06年に20店舗でTポイントを試験導入した。

だが、ここで誤算が生じる。いずれも思うような効果が上がらなかったのだ。理由は二つあった。一つが、限られた店舗だけで導入するため、Tポイントの大々的な告知ができないことだ。マツモトキヨシでTポイントを使えることを誰も知らないのだ。

もう一つが店舗側にあった。「Tポイントカードはお持ちですか」といった声掛けなどが徹底されないのだ。一部店舗の店員だけにそうした声掛けを求めるのは難しい。その後、笠原はテスト導入を封印する。営業のマイナスになると判断したのだ。

結局、両社とも縁がなかった。笠原は、吉田が社長を退任する11年ごろまでマツモトキヨシと粘り強く交渉を続けた。Tポイントに理解を示した吉田が検討組織を立ち上げようと創業家出身の会長、松本南海雄に上申したことはあった。だが、最終的には決まらず、その後もマツモトキヨシがTポイントに加入することはなかった。

良品計画も導入を見送った。「無印だから、色を付けたくない」。当時専務で後に社長に就く金井は笠原にそう告げた。06年11月、笠原は無印良品をよみがえらせた中興の祖で社長だった松井忠三にもプレゼンをしたが、結果は変わらなかった。良品計画は13年に自社のポイントサービスを立ち上げる。金井の発言通り、良品計画はTポイントをはじめとする共通ポイントには加盟していない。

Tポイントの草創期の加盟店開拓は、空振りが相次ぐ悪戦苦闘の連続だった。だが、苦戦続きのTポイントにとって救世主となる企業が幾つか現れる。

一つがシネマコンプレックス大手のワーナー・マイカル（現イオンエンターテイメント）である。同社は総合スーパーのマイカルと、米ワーナー・ブラザースとの折半出資で91年に設立された。01年のマイカルの経営破綻によりイオン傘下に入ったものの、当時はまだ経営は独立性を維持していた。

CCCとワーナー・マイカルとの交渉は04年3月にスタートした。「5回映画を見ると1回無料にするカードを導入してほしい」。マイカル出身である専務の岡村正郎は、笠原にそんなTポイント導入の条件を挙げた。自社の映画館に再訪してもらう仕組みが必要だったのだ。当初は紙のスタンプカードを用意して対応した。

要求には応えたものの、岡村らはTポイントの効果にまだ懐疑的だった。ワーナー・ブラザース出身の取締役、ディビット・ピアソンも同じだった。そもそも、米国では値引きが主流だ。ポイントにはなじみがなく、理解できなかったのだ。

しびれを切らした笠原はからめ手を攻める。実は、CCCが展開するビデオレンタルチェーンのTSUTAYAはワーナー・ブラザースからDVDを大量に仕入れていた。笠原はまず岡村にこう求めた。「DVDをこれだけ購入しているんだからTポイントに参加してほしい」。だが、岡村は部門が違うと素っ気ない。ピアソンも反応は鈍かった。

だが、ピアソンの直属の上司は違った。上司とはアジア地域をカバーし、TSUTAYA担当でもあったワーナー・ブラザース・インターナショナル・シネマズ社長のミラード・L・オックスである。笠原は、オックスに「大得意さま」の立場で働き掛けた。最後はワーナー・ブラザースが折れ、Tポイントの加盟が決まった。04年12月、ワーナー・マイカルでTポイントの取り扱いがスタートした。

もう一つの企業が、紳士服チェーンの青山商事である。

笠原が同社に声を掛けたきっかけは、青山商事創業者の青山五郎との縁である。広島県出身の青山は、64年に青山商事を設立し、年商2000億円に迫る日本一の紳士服チェーンを一代で築き上げた。郊外型紳士服チェーンという日本初のビジネスモデルは流通業界の常識を覆した。

笠原と青山を引き合わせることになったのが、93年に日本経済新聞大阪本社で開かれた講演会である。メインスピーカーに青山が、サブのスピーカーに笠原が招かれたのだ。講演会の後、経営者として大先輩に当たる青山に笠原はお礼の手紙をしたためた。すると、青山からは自身の経営哲学をつづった著書『非常識の発想』が送られてきた。その後も、笠原は何度か青山と顔を合わせていた。

Tポイントがスタートすると笠原は、当時会長だった青山に直談判する。青山は、「宮武に連絡してほしい」と告げる。富士銀行（現みずほ銀行）出身で、番頭格である社長室長の宮武真人のことだ。05年7月、笠原は宮武をパイプとして、青山の長男で当時専務の青山理と、執行役員の松川修之にTポイントを売り込む。

笠原は2人にTポイントについて説明し、こう付け加えた。「『1業種1社ルール』なので競合他社とは組みません」。青山理と松川の理解は極めて早かった。

一つだけ障害があった。それが、青山商事がライフカードと組む提携カードの「AOYAMAカード」である。利用額に応じ、自社ポイントを付けていたのだ。当時、カード事業は青山商事の利益の4割を占め、カード事業や自社ポイントを畳むという選択肢はなかった。

ひねり出したのが、青山商事の自社ポイントとTポイントの両方を付与する折衷案である。今や、自社ポイントと共通ポイントをダブルで付与する企業は少なくないが、当時は存在しなかった。青山商事は、「W（ダブル）付与」の第1号だったのだ。「面白そうだからやってみよう」。青山理はわずか4カ月で加盟を決断する。青山商事のTポイント参画は、加盟店開拓が難航し、窮地にあった笠原にとってまさに「救い」となった。

06年2月、青山商事でTポイントの取り扱いがスタートする。開始後、数字を見た笠原はがくぜんとする。通常、導入直後のポイントカードのレジでの提示率はせいぜい15％程度だ。だが、「洋服の青山」では40％近くに達した。紳士服業態は、試着などの接客時間が長く、顧客に声を掛けやすい。まさに理想的なタッチポイントだったのだ。

新規会員の獲得も目覚ましかった。そもそもTSUTAYAの主要顧客はレンタルビデオを借りる20～30代の若年層である。洋服の青山の顧客も、就職活動などに合わせてスーツを買う若年層が多い。両社の顧客層が重なり、高い送客効果を発揮したのだ。

青山商事が第1号となった施策がもう一つある。それが、ポイントの「倍付け」キャンペーンである。青山理らは新年度を控えた年度末にポイント5倍キャンペーンを打ちたいと笠原に打ち明けた。

それまで笠原に倍付けという発想はなかった。Tポイントを起点に新たなマーケティングのアイデアが生まれたのだ。キャンペーンの原資は青山商事が負担する形でトライしてみることが決まった。06年12月から3カ月ほど実施されたポイント5倍キャンペーンの威力は絶大だった。同社が毎年似たようなキャンペーンを展開するようになったのが、その証左である。

倍付けキャンペーンはCCCにも思わぬ恩恵をもたらした。青山商事が原資負担だけでなく、CCCへのシステム手数料も5倍分支払ったからだ。06年度、Tポイント事業は予算未達が確実な情勢だった。だが、青山商事の5倍キャンペーンで予算を一挙にクリアした。まさに神風だった。倍付けキャンペーンの破壊力を目の当たりにした笠原は、ほかの加盟店にも横展開をしていく。今や当たり前となった倍付けという新たなマーケ手法は一挙に広まっていくことになる。

「加盟店になりそうなところを紹介しますよ」。04年夏、Tポイントの加盟店開拓に奮闘していた笠原に、ローソン社長だった新浪がそう持ち掛けた。新浪が紹介したのが、宅配ピザチェーンのピザハットである。

ピザハットは92年に、日本ケンタッキー・フライド・チキン（現日本KFCホールディングス）が米ピザハットとフランチャイズ（FC）契約を結んで立ち上げられた。日本ケンタッキー・フライド・チキンの当時の親会社が三菱商事だった。要するに、新浪の出身である三菱商事のツテである。POSシステムを未導入のピザハットにはTポイントのシステムを入れやすい利点もあった。交渉はスムーズに進み、ピザハットは05年5月にTポ

大手チェーンの開拓は難航した

Tポイントの草創期の主な加盟店

開始時期 2003年10月 ENEOS　ローソン	開始時期 2004年12月 ワーナー･マイカル	開始時期 2005年4月 ニッポンレンタカー
開始時期 2005年5月 ピザハット	開始時期 2006年1月 白木屋	開始時期 2006年2月 洋服の青山
開始時期 2006年4月 ガスト	開始時期 2006年8月 アルペン	開始時期 2006年10月 アート コーポレーション　カメラの キタムラ

＊各社ロゴは当時のものを含む。各社の開示資料などを基にダイヤモンド編集部作成

イントを導入する。

ただし、ピザハットのようなケースは極めてまれだった。Tポイントの加盟交渉は数年に及ぶものや、長い交渉の末に導入見送りとなる例も少なくなかったのだ。

Tポイントスタートから3年たった06年ごろ、CCCは、提携先は約20社に上るとアピールしていた。だが、顔触れのうちほとんどが、全日本空輸や大手クレジットカード会社など。要するに、単なるポイント交換の提携先ばかりで、大きな店舗網を持つ有力企業はほとんど含まれていなかった。すかいらーくや青山商事などの参画を何とか取り付けたものの、業種やチェーンの垣根を越えた巨大な経済圏の構築はまだ道半ばだった。

マーケティング革命

加盟店の開拓は苦戦が続いていたものの、Tポイントは着実に浸透していた。例えば、ローソンでは、スタートから2年ほどで、CCCが展開するTSUTAYA会員の2割に当たる360万人が店頭でTポイントカードを提示するまでになった。

CCCが05年に実施した、利用者を対象にした調査からも、Tポイントの効果がうかがえる。ローソンを利用した理由を尋ねたところ、「Tポイントがためられる」との回答が

4割に上ったのだ。これは調査の1年前に比べ2倍の水準である。

また、Tポイントがなければ、ローソンを訪れる機会が減ると答えた人が回答者全体の3割強を占めた。開始から3年ほどでTポイントの存在感はかなり高まったのだ。

加盟店にとってTポイントに第一に期待していたのは、そうした集客効果だったのは間違いない。ただ、大きな恩恵がほかにもあった。それが、マーケティングの進化である。

Tポイントは従来の流通業界のマーケティングに革命を起こした。Tポイントがマーケティングの常識を覆せたのはなぜか。加盟店で生まれた画期的なマーケティング手法の中身や効果について、ローソンやすかいらーくの事例を基に見ていこう。

Tポイントによるマーケティング革命の陰にはデータの存在がある。TSUTAYAの会員証がベースとなったTポイントでは、入会時に会員の名前や住所、年齢、性別、メールアドレスといった個人情報が正確に取得できる。加えて、ポイントのやりとりをフックにした購買に絡んださまざまなデータも集められる。個人情報のデータと購買データを掛け合わせることで、誰が、いつ、どのお店で、どの商品を購入したかが分かるのだ。

当時、個人情報まで把握できるポイントカードは存在しなかった。ただポイントカードを配っていたのだ。当然、データはマーケティングに使えず、「勘」に頼るしかなかった。そこに登場したのが個人情報や購買データを取得できるTポイントである。Tポイントはデータでマーケティングの常識をガラリと変えた。

レジで会計後にレシートと共に、割引クーポンが手渡されることがある。あれは、Tポイントが編み出した販売促進策である。利用客の属性や購買履歴などを基にクーポンを発行し、ほかのチェーンに送客したりする。データがあるからこそ生まれた手法なのだ。

当時、ローソンでは、ある飲料メーカーの商品を購入した顧客に、競合の飲料メーカーの商品の割引クーポンを発行した。メーカーのスイッチを促すこの手法は、Tポイントが初めて可能にした。今では一般的な手法として広く活用されている。

さらに、進化が一気に進んだのが、エリアマーケティングである。代表的なエリアマーケティングが、店舗周辺へのポスティングである。データの力が、ポスティングの効率化を推し進めることになる。

飲食チェーンを例に見ていこう。まず、店舗から半径5キロメートルほどの範囲を示したマップを用意する。マップは、細かなエリアに分けられ、住んでいる会員数に応じて色分けされている。つまり、どのエリアにどのぐらい会員が住んでいるかが一目で分かるのだ。

さらに、マップにはエリアごとに来店者数の多さを表した円も落とし込まれている。これで、どのエリアからの来店者が多いのかも可視化できる。会員の住所とTポイントを通じた購買データが、マップの作成を可能にしたのだ。

このマップを使うことで効率的なポスティングが実現できる。例えば、新しいメニューなどを告知する際には、過去に来店したことがある客が多いエリアにまいた方が、効果が見込める。ターゲットを絞り込めるようになったのだ。もちろん、やみくもにチラシをまくよりコストも抑えられる。

チラシをまいたエリアの会員が、実際に来店したかどうか検証できることも強みだ。新日石は配布エリアを常にシステムでチェックし、ポスティング戦略に生かすようになっていた。

住所やメールアドレスを使った個人向けのマーケティングも可能になった。店舗周辺に住んでいて、まだ来店したことがない会員にダイレクトメール（DM）が送れるのだ。もちろん世代も絞り込める。青山商事も新社会人向けセールで、21～22歳のTSUTAYA会員をターゲットにキャンペーンを仕掛けていた。

06年4月にガストにTポイントを導入したすかいらーくは当時社長だった伊東の主導で、データを活用したマーケティングにかじを切る。すかいらーくはポスティングの効果を高めつつ、コストを年間数億円圧縮することにも成功する。

進化したのは、集客目的のマーケティングだけではない。データは、新商品の開発やメ

リピート率でメニュー改善も

Tポイントのデータを活用したメニュー分析

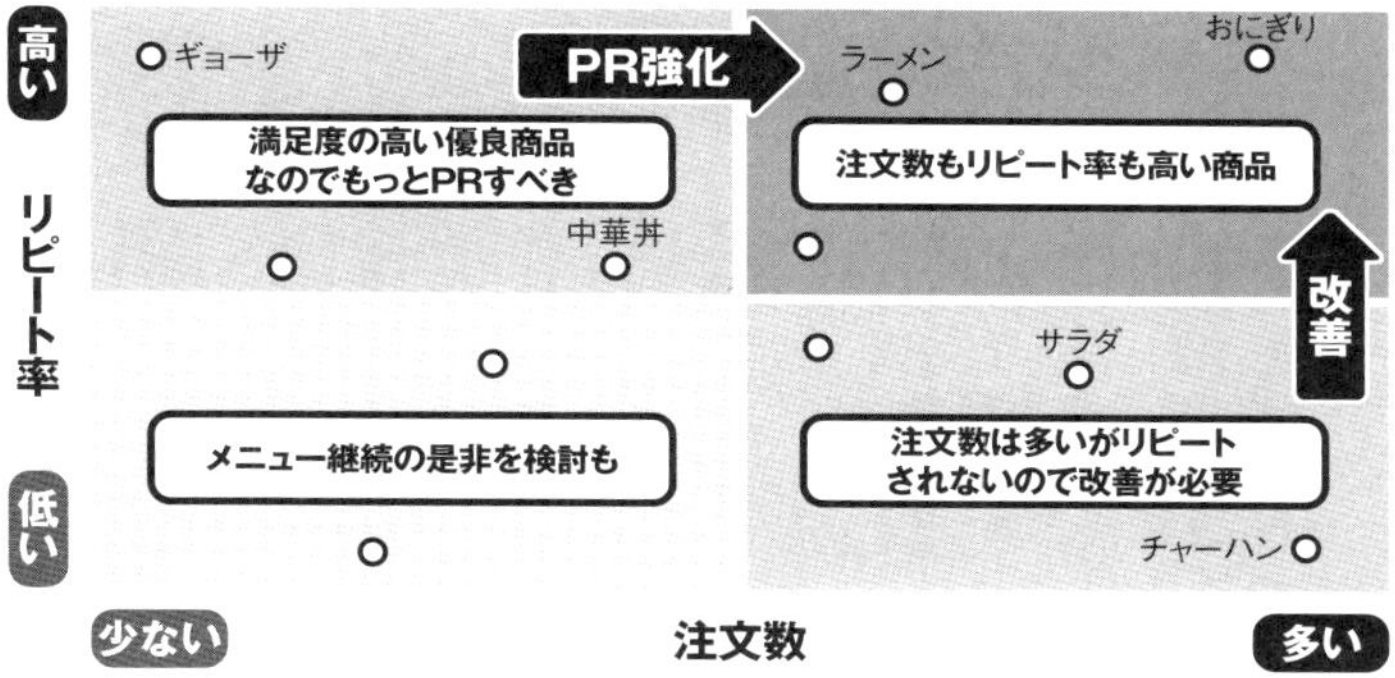

＊カルチュア・コンビニエンス・クラブの内部資料を基にダイヤモンド編集部作成

ニューの改善にも貢献した。すかいらーくが磨き上げたのが、メニューのリピート分析という手法だ。それまでは、外食チェーンがメニューを分析する際に見ていたのは販売数だった。単純に売れなかったら終売するのだ。しかし、Tポイントは、それにリピート率という新たな指標を基にした分析を可能にした。上の図を参考に見ていこう。

図では横軸の注文数に加え、縦軸にリピート率が設けられている。リピート率とは、同じ客が、同じメニューを再度注文したかどうかの割合である。リピーターの存在は、商品の人気を測る上で、重要な物差しとなる。

そして、外食チェーンを例にすると、

図の上にラーメンや中華丼といった各メニューを落とし込んでいくのだ。当然、注文数が多く、リピート率が高いメニューを増やしていくことが重要となる。図から分かるのは、注文数が多くて、リピート率が高い右上のゾーンにメニューを移行させていくためには、メニューを見直したり、キャンペーンをしたりしていくことが必要だということだ。

例えば、リピート率が高くても、注文数が少ない左上のゾーンにあるギョーザを、右上のゾーンに移すには、キャンペーンを増やす必要がある。また、注文数が多くても、リピート率が低いという右下のゾーンにあるチャーハンは、メニューそのものを手直しする必要があることが分かる。

従来の販売数だけで分析すると、リピート率が高いにもかかわらず、販売数が少ないメニューを終売してしまう恐れもある。実際、当時のガストでは、販売数が少なかったガストバーガーをメニューから外した。だが、データを分析したところ、ガストバーガーには多くのリピーターが存在していたことが分かった。すかいらーくは、ガストバーガーを復活した上でプロモーションを強化することで、販売数を伸ばした。

すかいらーくは、ほかにも一緒に注文されることの多いメニューをセット化するなどデータをメニュー改善に活用していった。同社が磨き上げた分析手法は、今や共通ポイントを導入したほかの外食チェーンにも広く取り入れられている。

Ｔポイントは従来の流通のマーケティングの常識を覆した。その原動力となったのが、データの存在である。共通ポイントによる新たなマーケティング手法は、会員の増加や加盟店網の広がり、そして、それらから積み上がるデータをさらに活用することで、進化が一層進むことになる。データを土台とするポイント経済圏の礎が着々とつくられていったのだ。

第三章

巨大経済圏への難路

コンビニ王者の進攻

「セブンがポイントを始めるんじゃないか」。2005年秋、カルチュア・コンビニエンス・クラブ（CCC）副社長で、Tポイントを指揮していた笠原和彦の耳にそんなうわさが入ってきた。セブンとは、流通の巨人、セブン&アイ・ホールディングスのことである。

03年秋にCCCが立ち上げた日本初の共通ポイントは、新日本石油（現ENEOSホールディングス）とローソンという大きな加盟店を有していたが、さらなる大手企業の開拓は苦戦が続いていた。共通ポイントの構想時から、笠原が最も懸念していた点が、CCCよりも資本力や顧客基盤を持つ強力なライバルの登場である。

そこに参入してきたのが、セブン&アイである。日本のコンビニエンスストアの生みの親で、セブン&アイ会長の鈴木敏文が指揮するセブン-イレブンは流通業界では圧倒的な存在感を誇る。ポイントに消極的とされた鈴木がポイント市場への進攻を決めたのだ。Tポイントにとっては最悪のシナリオだった。

07年4月23日、東京・四ツ谷にあるセブン&アイの本社前で、流通系では初の電子マネー「nanaco（ナナコ）」の誕生セレモニーが開かれた。鈴木に加え、セブン&アイ社長の村田紀敏、セブン-イレブン・ジャパン社長の山口俊郎、イトーヨーカ堂社長の亀井淳、アイワイ・カード・サービス社長の山本俊介といった最高幹部5人がテープカットし、スタートを宣言した。

そして、そのわずか4日後、セブン&アイの宿敵であるイオンも独自の電子マネー「WAON（ワオン）」をスタートさせる。前月には鉄道会社系の電子マネー「PASMO（パスモ）」がサービスを開始しており、世の中は一気に電子マネーブームに沸くことになる。

nanacoの発行件数はスタートから1カ月で、100万件を突破し、全1万2000店で利用できるようにもなった。ロケットスタートに成功したセブン&アイによるポイント市場の席巻も現実味を帯びていた。

だが、セブン&アイの野望は間もなくついえることになる。理由は大きく二つある。共にカリスマが犯した致命的なミスに起因する。

一つ目が個人データの「放棄」である。そもそもnanacoは発行時に年齢や性別といった顧客の個人情報を登録させる仕組みだった。個人データを使ってマーケティングを精緻化させるためだ。

セブン-イレブン・ジャパンは1982年にPOS（販売時点情報管理）システムをスタートさせ、世界に先駆けて販売データをマーケティングに活用した。だが、POSを活用したマーケティングには決定的な弱点があった。「『誰』が買ったか」が分からないのだ。

旧来の手法が限界を迎える中で、セブン&アイが確立を目指したのが、nanacoによって取得した個人データとPOSを掛け合わせた新たなマーケティング手法だ。

だが、その構想はすぐについえることになる。「いちいち個人情報を書かせていたら、顧客や加盟店が面倒がって広まらないじゃないか」。そんな鶴の一声を上げたのが、誰あろう鈴木である。スタートからわずか2週間で、個人情報の登録をやめさせたのだ。

早期にnanacoを普及させ、囲い込みにつなげるという小売業の視点では、鈴木の判断には一理あったともいえる。

だが、これこそが大きなつまずきとなる。結局、セブン&アイは誰が所有しているか分からないカードをばらまくことになる。nanacoを通じて得られた購買データを「人」と結び付けることができなくなってしまったのだ。

この鈴木の判断を知った笠原は胸をなで下ろした。セブン&アイの方針転換は、nanacoが個人情報と購買データの両方を持つTポイントに並ぶチャンスをみすみす捨ててしまったことを意味する。Tポイントの優位性は揺らがずに済んだのである。

そして、セブン&アイのもう一つのミスが、囲い込み戦略である。これはTポイントの業界大手の囲い込みとは文脈が異なる。セブン&アイのグループの店やサービスだけでしかnanacoを使えないようにしたのだ。

今でこそ、ｎａｎａｃｏは電子マネーとしてグループ外でも利用できる。だが、スタートからしばらくの間、セブン、イトーヨーカドーやデニーズといったグループ内の店舗でしか使うことが許されなかった。

「鈴木の思想が反映されていた」。セブン＆アイ関係者はそう指摘する。セブンという圧倒的な強さを持つプラットフォームを押さえているが故に、自社のインフラを外部に広げていくという発想にならなかったのだ。

セブン＆アイの電子マネー参入の前後、笠原はさまざまな企業に片っ端から加盟の誘いが来ているかを問い合わせた。笠原が恐れていたのが、セブン＆アイが、Ｔポイントと同じように、外部にも加盟店網を広げていくシナリオだった。だが、セブン＆アイが外部とも連携するという話はついぞ聞こえてこなかった。これにも笠原は安堵《あんど》する。

個人データとともに重要なのが購買データの「質」である。質とはデータの網羅性を指す。例えば、セブン＆アイはｎａｎａｃｏによってセブンでの購買データを圧倒的に得られる一方、グループ外の購買データにはアクセスできない。

他方、ローソンや新日石、すかいらーく（現すかいらーくホールディングス）などで利用できるＴポイントは、コンビニでの購買データに加え、ガソリンの購入データ、飲食店でのデータなどが集められる。そうやって集めた幅広いデータこそが、顧客に向けた販促策の多様化を可能にするのだ。

コンビニだけを見ればセブンは圧倒的ではあるが、セブンだけが消費者の購買の100％を占めることはあり得ない。多様なデータを集めることができるTポイントに大きな分があった。

結局、外部にアライアンスを広げていくTポイントと、内に閉ざしたnanacoのどちらの戦略が巧みだったかは明らかだろう。セブンという超強力なプラットフォームを持ちながらも、セブン＆アイのポイントや決済の戦略はこの後迷走を続けていくことになる。いずれにしろ、データをみすみすと手放したセブン＆アイの失策は、Tポイントにとってはまさに天祐といえた。

だが、セブン＆アイの電子マネー参入はTポイント陣営に思わぬ余波を及ぼすことになる。それが、王者セブンを追うローソンの焦燥である。

ローソン電撃離脱の衝撃

「何だかおかしいな」。05年初め、Tポイントの加盟店を支援するCCC子会社、Tカード＆マーケティングの利用推進チームのリーダーだった大野健司は、違和感を覚えていた。

おかしかったのはTポイントの主要加盟店であるローソンの担当者の言動である。

大野は、元々は経営破綻した大手百貨店、そごうの出身である。そごうの経営が傾いたときに、CCCが参画した衛星放送事業、ディレクTVに移った。そこで笠原と出会う。99年にCCCがディレクTVから撤退すると、笠原の部下として、Tポイントの立ち上げに奔走することになる。

大野は、Tポイントが立ち上がると、新たなミッションを託される。それが、加盟店と連携して、Tポイントの販促策や効果検証を実行する業務である。要は、加盟店へのコンサルティングである。大野は当時、部下2人とわずか3人のチームで、ローソンなど加盟店8社を受け持っていた。

二人三脚で販促策などに積極的に取り組む加盟店があった一方で、ローソンのマーケティング部門のマネジャーは、大野にたびたび難題を突き付けてきた。次第に、Tポイントの効果がやり玉に上がる。大野は毎月、新規客の獲得効果の分析を資料にまとめてレポートしていたが、マネジャーはそこに疑問をぶつけてくるようになったのだ。

ただ、データはローソンの店頭でTポイントを利用する客が右肩上がりで増えていることを指し示していた。売り上げにTポイントが貢献していることは疑いようがなかった。

実際、同じ加盟店の新日石では、Tポイントを利用した人の給油量の推移を見ると、1年半年で5倍にも伸びていた。効果に疑問を差し挟まれることが大野には不可解だった。

大野は、データをより丁寧に説明し、販促策にも知恵を絞っていた。半年ほどローソン側の理解を得るべく、四苦八苦を繰り返していた。

05年9月、Tポイントはとてつもない激震に見舞われる。「効果がないので、Tポイントから抜けたい」。大野と面会したローソンのマネジャーが突然そう告げたのだ。離脱通告である。まさに青天のへきれきだった。「ああ、このポイントビジネスは終わったな」。大野は目の前が真っ暗になった。そして、自身のクビも覚悟した。

Tポイントにとって、ローソンは名実共に加盟店網の中核だった。その理由は、頻度である。コンビニは毎日のように使う人も多い。ポイントビジネスにとって、コンビニ不在は致命的なのだ。大野がTポイントは終わったと考えたのも当然だった。

オフィスに飛ぶように戻った大野は、即座に笠原に報告する。焦った笠原はすぐにアポイントを入れる。相手は、ローソン社長の新浪剛史である。大野が徹夜で作成した資料を基に、笠原がプレゼンテーションをした。大野が、自らプレゼンする笠原を見たのは初めてのことだ。それだけ事態は深刻だったといえる。

「nanacoが出てくるんですよ」。ひとしきり説明を聞いた新浪は笠原らにそう言った。わずか4カ月前に、セブンを傘下に持つセブン&アイが流通業界では初となる電子マネー、

nanacoを翌春からスタートさせる方針を大々的に表明したばかりだった。新浪は最大手のセブンの動きを極度に警戒していた。そして、ローソンパスという自社ポイントの強化に軸足を移したい旨を説明した。結局、笠原らは新浪を翻意させることはできなかった。

契約そのものは1年先の06年9月末まで残っていた。05年9月は、次期契約について意思判断する期限だったのだ。笠原は新浪にこう頼み込んだ。「せめて半年契約を延長してほしい」。笠原は、新しいパートナーを探す時間を稼ぐ必要があると考えたのだ。新浪は快諾した。ローソンは半年延長した07年3月末に正式に脱退する。

なぜローソンはTポイントを離脱する道を選んだのか。当時のローソン幹部はこう打ち明ける。「自社でデータを持てないことが大きかった」。実際、ローソンの利用客の購買データはCCCが保有し、ローソンは思うままに使うことができなかったのだ。

また、当時、ローソンはポイントを付与するだけで、店頭でポイントを使用することができなかった。Tポイントをローソンで使うには、店頭に設置されたマルチメディア端末「Loppi（ロッピー）」で商品券に交換する必要があった。利便性も決して良くなかったのだ。

加えて、Tポイントとローソンパスを併用していたローソンでは、ヘビーユーザーはローソンパスを利用する傾向が強かった。従って、「Tポイントをお持ちですか」といった店頭での声掛けも徹底されず、Tポイントの浸透は限られていた。

ただし、本当の答えを、笠原や大野は後に知ることになる。

Tポイント脱退から2年半後の09年10月、ローソンは同社の株式の3割を保有する三菱商事と新たな共通ポイント、Ｐｏｎｔａ（ポンタ）を10年春に立ち上げると発表した。Tポイントにとって最大のライバルが誕生したのだ。しかも、主軸はローソンである。

ポイント事業を運営するロイヤリティ マーケティングは、08年末に三菱商事の子会社として発足していた。Tポイントからの脱退は、三菱商事やローソンが新たなポイント経済圏の構築を見据えた「初手」だったのだ。

実際、当時のローソン関係者によると、「CCC側から『もうやめてほしい』と言ってもらうように」という指示が幹部から現場に下ろされていたという。大野が半年にわたって無理難題を突き付けられたり、効果を疑問視されたりしたことにも合点がいく。

ただし、鳴り物入りで立ち上がったＰｏｎｔａも一気呵成にTポイントを打倒するまでには至らなかった。そこには、Tポイントの「1業種1社」ルールの存在がある。例えば、Tポイントが石油元売り最大手の新日石を押さえているため、ローソンは元売り5位の昭和シェル石油（後に出光興産と経営統合）と組まざるを得ない。ポイント経済圏を巡る戦いは、しばらくTポイントとPontaの2強が激しくしのぎを削ることになる。

話を当時に戻そう。Tポイントはローソンの電撃離脱によって、立ち上げ以来、存亡の機を迎えることになる。笠原は、ローソンが抜けた穴を補うべく、新たなパートナー探しに駆けずり回ることになる。

牛丼、家電…決死の交渉

ローソンの電撃脱退を受け、笠原が進めたのが、新たな業種の加盟店の開拓だ。万が一、加盟店網からコンビニを失っても、幅広い業種を押さえれば生き残れるかもしれないと考えたのだ。

「焼き肉と牛丼はいいですよね」。05年春、笠原はすかいらーく社長の伊東康孝にそう頼み込んでいた。Tポイントの「1業種1社」ルールでは、外食業界はすでにすかいらーくが加入する方向で議論が進んでいた。同じ業界の競合とは交渉しないのがルールである。

笠原の発言の意図は、すかいらーくが展開していない、焼き肉や牛丼のチェーンの開拓を認めてほしいというものだった。伊東は「うちも焼き肉をやるかもしれない」と応じたが、笠原は「今はやってないのでいいじゃないですか」と押し切った。「仁義切り」はこれで済ませた。

笠原が狙ったのは、当時飛ぶ鳥を落とす勢いだった焼き肉チェーンの牛角である。たまたまCCCが展開するTSUTAYAの加盟店の数社が牛角とフランチャイズ（FC）契約を結んでおり、牛角を紹介してもらうことになったのだ。

西山知義によって不動産会社として創業したレインズインターナショナルは、96年に焼き肉事業に参入し、翌年から牛角の展開を始めた。牛角は焼き肉の高級なイメージを変え、若者を中心に焼き肉ブームを起こした。

05年6月、笠原は西山と面会した。当時、まだ30代の若手経営者だった西山はTポイントに理解を示し、導入に前向きとなった。ただし、問題があった。FC契約で展開していた牛角は、オーナーの声が大きかった。Tポイントを導入するにはオーナーの了承を取り付ける必要があったが、レインズ幹部もオーナーの説得には腰が引けていた。

そこで、笠原が全国の牛角の加盟店の説得に回ることになった。

オーナーの突き上げに戦々恐々として、事前に入念な準備をしていた笠原は肩透かしを食う。オーナーらは笠原の説明にはほとんど耳を傾けず、説明が終わった瞬間、レインズ幹部に仕入れ商品の質問を浴びせた。Tポイントに興味を持つオーナーはおらず、事実上了承を取り付けられたのだ。

まだ解決すべき問題はあった。レインズ側がTポイント導入のためのシステム改修の投資負担をちゅうちょしていたのだ。ポイントの効果が分からないので当然ともいえる。笠原は、CCC側でシステム改修費を一部負担することを提案した。もちろん、導入後のシステム利用料は課すが、初期コストを削減したことがレインズ側の背中を押した。そして、08年3月に牛角でTポイントがスタートした。交渉開始から3年近くがたっていた。

同じくすかいらーくの了承を得た牛丼チェーンでは、吉野家に狙いを定めた。笠原は05年4月に常務の池上久と面会し、交渉をスタートさせる。社長の安部修仁も反応は良かった。ミュージシャンを志して福岡から上京した安部は、吉野家のアルバイトから社長に上り詰め、「ミスター牛丼」とも呼ばれた。

だが、吉野家は当時、BSE（牛海綿状脳症）問題で苦しんでいた。03年12月24日、クリスマスイブに起きたBSE問題で、米国産牛肉にこだわっていた安部は、牛丼を販売停止した。米国産牛肉の輸入が再開され、吉野家が牛丼の販売を再開したのは、08年3月のこと。その間、代替メニューの豚丼やカレー丼でしのいでいた。

Tポイントは、うどんチェーンを展開するはなまるの社長で、後に安部の次の吉野家社長となる河村泰貴の主導で、「はなまるうどん」の一部店舗に導入された。吉野家への全面導入も検討されたが、結局、このBSE問題の長期化でチャンスを逃す。

笠原は、外食以外の業界にも積極的に営業に回った。スポーツ用品店でアプローチしたのが、大手のアルペンである。72年に水野泰三が創業したアルペンは、総合スポーツ店のアルペンやゴルフ用品専門店のゴルフ5などを展開していた。

05年9月9日、笠原はJR名古屋駅から程近い当時のアルペン本社の水野の元を訪れる。水野はTポイントを理解し、笠原に取締役営業本部長だった玉置博と話すように求めた。社員からの信頼が厚い玉置はキーマンだった。

当時、アルペンはジャックスカードと提携カードを発行し、ポイントサービスを展開していた。玉置は、新たなポイントを入れることには反対だった。ただ、笠原が玉置にTポイントについて丁寧に説明すると、玉置も理解を示す。玉置が賛成に回ったことで、現場は一気に導入の機運が高まった。アルペンでは06年8月にTポイントがスタートする。

家電量販店にもアプローチをかけた。05年4月、笠原は群馬県高崎市を訪れ、ヤマダ電機（現ヤマダホールディングス）創業者の山田昇に会う。だが、山田はけんもほろろだった。

笠原は、ビックカメラへの転戦を決める。カウンターパートは常務の堀越雄だったが、交渉は難航した。笠原は説得材料としてTSUTAYA会員へのアンケートを示した。Tポイントとビックカメラの独自ポイント、ビックポイントのどちらがいいかを尋ねたものだ。すると、「Tポイントがよい」との回答が8割にも上った。もちろん会員向けのアンケートだが、「共通」の方がポイントの魅力が高いという事実を映したものといえる。

だが、堀越らにとっては、それは受け入れ難い現実だった。ポイントは家電量販店にとって長らく最大の武器だった。「ポイント10倍」でしのぎを削ってきたヤマダ電機やビックカメラに、新参者が理解を求めるのは難しかった。結局、ビックカメラとの交渉は打ち切りとなる。

Tポイントは笠原が考案した「1業種1社」ルールが後に強みを発揮し、成長を遂げることになる。一方で、この排他的なルールが逆にチャンスをつぶしていたのも事実だ。企業に対して自社ポイントを廃止して、Tポイントへの一本化を迫る戦略は、「もろ刃の剣」でもあったのだ。

Tポイントを救ったファミマ

ローソンの突然の脱退通告で笠原は焦っていた。ローソンの契約期限は07年3月末で、残された時間はわずか1年半。ポイントビジネスにとってコンビニは中核である。新たな業種の開拓も並行して進めていたが、やはり生き残るには、ローソンに代わるコンビニのパートナーが欠かせなかった。

「Tポイントを導入してもらえませんか」。06年3月、笠原は東京都中央区のサークルKサンクス（現ファミリーマート）本社を訪れ、相談役だった橘高隆哉にそう提案した。04年にサークルケイ・ジャパンとサンクスアンドアソシエイツが統合して誕生したサークルKサンクスは、コンビニ業界では、セブン、ローソン、ファミマに次ぐ4位だった。4大コンビニの一角を率いる橘高は、元々はサンクスを設立した総合スーパーの長崎屋の出身である。その後、サンクスに移り、コンビニビジネスに身を投じていた。

橘高と笠原の縁はその数年前にさかのぼる。笠原は、経営再建中だった長崎屋傘下のビデオレンタルチェーン3位のサンホームビデオの買収に動いていた。CCCが展開するTSUTAYAの首位固めを盤石にする狙いだった。笠原が長崎屋の創業者である岩田家にアプローチしていたときに出会ったのが、当時長崎屋子会社だったサンクスの社長を務める橘高だったのだ。笠原と同じ同志社大学出身だったことも親交を深める一因となった。

橘高は、合併したサークルケイ・ジャパンの出身者からも慕われるなど「親分肌」の経営者だった。そして、ITなどの新しい技術への関心や理解度も非常に高かった。コンビニ業界初となる電子マネーや店頭の情報端末の導入は、ひとえに橘高の進取果敢の精神が反映されたものだ。

当時は業界4位とはいえ、1日当たり店舗平均売上高（日販）は、ローソンやファミマを上回っていた。ローソンに袖にされたCCCにとって、願ってもない有力なパートナー候補だった。

共通ポイントの説明を聞いた橘高は、笠原に専務の石原彰を窓口とするように伝える。その後、笠原は、決済などを所管する本部長だった塚本直吉とも議論を交わすようになる。この頃、笠原はサークルKサンクスに頻繁に足を運んでいる。

ちなみに、日本電信電話公社（現日本電信電話〈NTT〉）の協力会社である日本電話施設の技術者からサークルケイ・ジャパンに転じた塚本は、商品開発やITに明るく、その後さまざまな畑を渡り歩く異色のキャリアを歩む。サークルKサンクスがファミマに経営統合された後も活躍し、商品本部長やデジタル・金融事業本部長などを歴任する。

サークルKサンクスとの交渉が、現場レベルでも議論が進むなど順調だった一方で、停滞していたのが、業界3位のファミマとの交渉である。Tポイント加盟は「1業種1社」ルールがあるものの、笠原は両社との交渉を並行して進めていた。最低でもどちらかを確保しなければならなかった。

06年7月、笠原はファミマの部長と面会する。だが、議論は遅々として進まない。膠《こう》着《ちゃく》した事態を打開するために笠原は、イチかバチかトップ交渉に打って出ることを決める。

「ポイントの話でお会いしたい」。CCC社長の増田宗昭が電話したのが、ファミマ社長だった上田準二である。伊藤忠商事出身の上田は02年からトップの座にあった。当時、増田はまだローソンの社外取締役を務めていた。ライバル陣営の一員である増田からのアポイントを上田がいぶかしがったのは想像に難くない。だが、上田は増田らに会うことを決めた。

06年9月27日昼、ファミマ本社に程近い東京・池袋の和食料理店の個室にファミマとCCCの両社首脳が顔をそろえた。ランチミーティングである。

ファミマ側は上田に加え、専務の播磨真一郎、常務執行役員の高田基生の3人、CCC側は増田と笠原、そしてTポイント運営子会社の取締役だった北村和彦の3人がそれぞれ相対した。冒頭、増田は上田にトップ会談を申し込んだいきさつをこう打ち明けた。「ローソンに切られることになりました。恥ずかしながらパートナーを探しています」。上田は、正直に理由を打ち明けた増田や笠原に好印象を抱いたようだった。

初顔合わせにもかかわらず、テーブルの上に大量の資料を並べ、増田や笠原は上田らにTポイントの可能性を必死に説いた。増田らの熱っぽい説明を聞くうちに、上田は次第に共通ポイントに理解を示していく。

ファミマもポイントに手を付けなければならない現実もあった。セブンが4カ月前に、流通業界初のｎａｎａｃｏを07年春にスタートさせると大々的に表明し、業界に激震が走っていた。そんな現実が上田の気持ちを後押ししたのも間違いない。１時間半のトップ会談の反応は上々だった。

その後、北村と高田が数回にわたって調整を進め、そして11月中旬。笠原は高田から、ファミマの役員会でＴポイント導入が決まったと連絡を受けた。両社の首脳が初めて顔を合わせてからわずか１カ月でのスピード決着だった。乾坤一擲《けんこんいってき》のトップ交渉は大成功を収めたのだ。

ただし、ファミマ社内はＴポイント導入には反対の大合唱だった。上田のほかに賛成する役員はほぼおらず、むしろ投資コストや効果に対する疑問が噴出したのだ。「ここは増田さんたちの夢に乗ってみよう」。反対に回る役員に、最後は上田がそう押し切り、Ｔポイント導入を決めたという。実際は薄氷だったのだ。

交渉のキーマンは、トップ会談にも同席した高田であった。笠原は、上田との会談の１カ月前に、高田に具体的な提案を持ち掛けていた。Ｔポイントの可能性をいち早く理解し、進めるべきとの意向を持っていたのは、高田だった。交渉がスムーズに進んだのは高田の尽力が大きかった。

ファミマの加盟が固まってすぐ、笠原はサークルＫサンクスの橘高の元を訪問する。１

ファミマの加入で危機を脱した

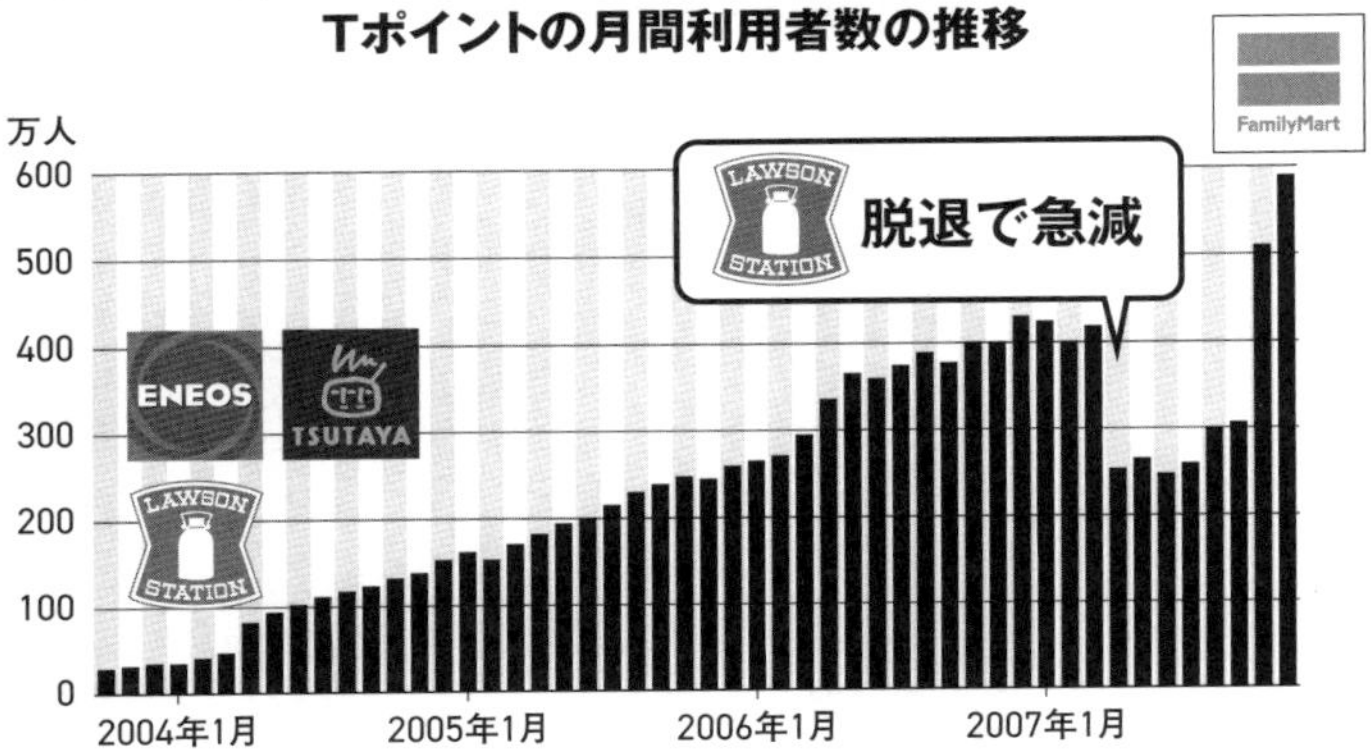

*カルチュア・コンビニエンス・クラブの内部資料を基にダイヤモンド編集部作成

業種1社ルールによる交渉打ち切りをわびる必要があった。「すいませんでした」。そう頭を下げる笠原に対して、橘高は「残念だが、サークルKサンクスの決定が遅かったのだから仕方ない。将来また機会があれば」と声を掛けた。

07年3月末にローソンが加盟店網から離脱し、Tポイントは苦境が続いていた。それは数字にも表れている。07年3月ごろの利用会員数は月間４００万人ほどだったが、ローソン脱退後は３００万人を下回った。激減である。ポイントビジネスにとってコンビニがいかに欠かせない存在であるかを、笠原は思い知ることになる。

そして、ローソン脱退から約7カ月後

の07年11月20日、全国のファミマ7000店で、Tポイントの取り扱いがスタートした。その効果は抜群だった。月間利用者数は一気に600万人近くに跳ね上がった。スタート以来、最大の窮地に陥ったTポイントはギリギリのところで息を吹き返すことができた。

ファミマはまさしくTポイントにとって「救世主」となった。さらにCCCは上田が率いるファミリーマートと強固な絆を築いていく。ファミリーマートとの二人三脚が、Tポイントをポイント経済圏の覇者へと押し上げていく原動力となったのだ。

第四章
ポイント前夜

NECから超異例の転身

2003年に日本初の共通ポイントを生み出したのが笠原和彦である。その笠原はNECの敏腕セールスマンだった1989年にカルチュア・コンビニエンス・クラブ（CCC）に移籍。創業社長の増田宗昭の右腕として、ビデオレンタルチェーンのTSUTAYAの飛躍を支えた。笠原はなぜ名門企業から無名のベンチャー企業に転じたのか。実は、TSUTAYAの曲折や、そこに登場する人物たちの因縁は、現在のポイント経済圏の攻防にも色濃く反映されている。Tポイント誕生からさらに10年以上も時計の針を戻し、草創期の秘話をたどっていこう。

「手伝ってほしい」。85年6月、NECの営業マンだった笠原は電話でそう頼まれた。電話の相手は、同年9月のCCC設立時に取締役に就任することになる寺尾和明である。寺尾は後にCCCが衛星放送事業に参入すると、同事業に専念するためCCC社長を退いた増田に代わりトップを務める。

実は、寺尾はシャープの営業マンだった。NECの笠原とはライバルである。だが、ある取引の失注などをきっかけにシャープを去っていた。その取引先とは、関西地盤の丸善石油（現コスモ石油）の大手特約店、小浦石油である。

そもそも丸善石油は松下電器産業（現パナソニック ホールディングス）の和歌山工場に燃料油を納めていた関係から、特約店には松下電器のＰＯＳ（販売時点情報管理）システムを指定していた。だが、小浦石油トップの小浦務が、シャープの中興の祖である佐伯旭と親しく、シャープのＰＯＳを導入していた。丸善石油の全国の特約店の中で唯一の例外だった。

だが、その取引を笠原がひっくり返した。シャープに代わってＮＥＣがＰＯＳシステムを納入したのだ。職場に居づらくなった寺尾は、増田が83年に立ち上げたＣＣＣの前身である蔦屋書店に出入りしていた。寺尾への負い目もあった笠原は、アドバイザーを引き受けることにする。

当時、蔦屋書店は1号店の枚方駅前店（大阪府枚方市）と江坂店（同吹田市）の二つの直営店のみ。江坂店を訪れた笠原は、そこで増田と初めて顔を合わせる。増田は青色のオックスフォードのボタンダウンシャツに、リーバイスのジーンズ、コンバースの白いバスケットボールシューズといういで立ちで、爽やかな笑顔を浮かべていた。このとき、増田が34歳、笠原は30歳だった。

「レンタル店のフランチャイズ（ＦＣ）ビジネスをやりたい」。増田は初めて会った笠原にそんな夢を語った。しかし、増田が命名した蔦屋書店という看板にはブランド力はなく、加盟店のために大量仕入れをする購買力もない。FCビジネスなどできるわけがなかった。

増田が強調したのが、レコードの目利き力である。当時、毎月2700枚のレコードがリリースされていた。全て仕入れたら確実に倒産するが、売れる可能性が高いものを選べるのであれば、それは強みとなる。笠原は、売れ筋を発注する仕組みを作って、加盟店に提供するビジネスは成り立つ可能性があると考えた。いわば、システムのFCビジネスである。

流れで、NECがそのシステムを受注することになった。「従業員7人のCCCが1億円をシステムに投じた」。増田は、しばしばそんな創業時の武勇伝を語っている。ただし、実際には1億円ではなく、4000万円ほどだったとされる。営業マンの笠原が自らシステムの要件定義などを手掛けたため、投資額は抑えられたのだ。

笠原は毎朝、江坂店に「出勤」し、システムのコードを書いた。笠原が手掛けた会員コードの体系や商品のジャンルコード分けなどの基本設計は、いまだにTSUTAYAで変更されずに使われている。笠原はNECの社員でありながらも、CCCの社員のようでもあった。NECの顧客にCCCのFCビジネスも紹介して回っていたからだ。NECとCCCの「兼業」は丸4年間にもわたった。

だが、二足のわらじに終止符を打つときがくる。きっかけはCCCの経営不安説が流れたためだ。当時、ＣＣＣの加盟店は２７０店舗まで増えていたものの、経営は安定しているように見えなかった。

笠原は焦った。これまでＮＥＣの顧客にも自ら声を掛けてＦＣビジネスに参画してもらっていたからだ。本部であるＣＣＣがつぶれたら、加盟した顧客に迷惑を掛けてしまう。さらに、システムを受注するベンダーの立場としても倒産はまずかった。ＮＥＣは加盟店のシステムも含め、ＣＣＣからは累計で30億〜40億円の注文を受けていた。

笠原は、ＮＥＣの上司２人に相談した。すると、２人ともＣＣＣの倒産には懐疑的だったが、こう言った。「つぶれる可能性を感じるならおまえが行くしかないんじゃないか」。笠原もこう応じた。「私はむしろ新しいビジネスが広がる可能性を感じます」。２人の上司は笠原の決断を尊重した。かくして、笠原は名門企業から、創業わずか数年の会社に転じることになった。

笠原の言葉通り、レンタルのＦＣビジネスは可能性を秘めていた。「２０００店舗規模には成長できるはず」。笠原は、１店舗当たり1万５０００人の会員を持ち、３０００万人ぐらいの会員ビジネスに育つとみていた。実際、ＣＣＣは12年のピーク時には１５００店規模まで拡大した。笠原の読みは当たったのだ。

89年10月1日、笠原はＣＣＣに入社する。この日、ＣＣＣは全社員が参加する懇親会を

カルチュア・コンビニエンス・クラブ（CCC）社長の増田宗昭（写真右）が入社した笠原和彦を社員に紹介した（CCCの創立20周年記念ビデオより抜粋）

沖縄で開いていた。社員の前で、増田に紹介された笠原は、「入社式も辞令もなかったけれど、今日から入れていただきます」とあいさつした。増田も「笠原くんと新しい仕事に挑戦していきたい」と笑顔で語った。

とはいえ、現実は楽観できる状況ではなかった。入社した笠原が最初に見たのは資金繰り地獄とも呼べる光景だった。とにかくいつも資金が足りないのだ。「今月は1億円が足りない」。社員の給料の支払いのために加盟店を獲得するといった自転車操業が続いた。役員の中には、給料日前に定期預金を解約した者もいたほどだ。

金を工面するために、直営店の売却に

も踏み切った。当時三つあった直営店の一つ、守口店（大阪府守口市）も手放した。仮に直営店の売却が加盟店に漏れたら一大事である。加盟店離れを招きかねない。売却は秘密裏に進められた。しかし、それから1カ月もすると、また金が足りなくなる。

笠原は江坂店の売却を増田に勧めた。増田にとって、江坂店は創業2年目にオープンした思い入れのある店だ。激怒した増田と笠原は渋谷の路上で激しく口論した。笠原は増田の母親からも店を売らないよう懇願された。

なぜそこまで、資金繰りが苦しいのか。笠原が調べてみると理由は単純だった。加盟店から売掛金を回収していなかったのだ。そもそも督促すらしていなかった。

笠原は管理本部長を兼務し、回収プロジェクトを立ち上げた。加盟店ごとに督促して、地道に回収を進めた。このときも笠原は自身の人脈で、NEC時代の顧客企業の経理担当部長をCCCに招き、回収のてこ入れを図っている。

全く督促しないはずのCCCの突然の請求に不満を持った加盟店も少なからずあった。だが、約半年ほどで、売掛延滞債権はほぼ回収を終えた。増田の「個人商店」だったCCCは笠原が参画して4年ほどで、会社組織が形づくられていった。

笠原は、1本1万5000円のビデオのレンタルは、金を貸すことと同じだと考えていた。それは、NEC時代に消費者金融大手のアコムの自動契約機「むじんくん」のシステ

TSUTAYAの店舗。創業からしばらくは自転車操業の苦しい経営が続いた

ム構築に携わるなど消費者金融を担当した経験があったためだ。

さらに、笠原は、個人の信用情報機関である日本情報センター（現日本信用情報機構）のシステム受注や開発を手掛けたことをきっかけに、個人情報の入手はマストだと認識していた。従って、笠原が手掛けたＴＳＵＴＡＹＡのシステムでも、入会申込書に免許証や保険証のコピーを取ることを必須にしていたのだ。実は、この会員の個人情報こそが、他のＦＣビジネスとは決定的に異なるＣＣＣの強みとなる。

そして、ビデオレンタルチェーンの拡大に伴い会員基盤は急速に膨らんでいく。築き上げた資産が、後にＴポイントを柱とする経済圏を構築する際に花開いていくことになる。

衛星放送参入の大博打

ＣＣＣは95年に衛星放送事業に乗り出す。だが、のるかそるかの大勝負は、衛星放送事業会社の社長だった増田が三菱商事などの株主に解任され、わずか数年で失敗に終わる。ＣＣＣの衛星放送事業を巡る顚末を振り返り、三木谷浩史や孫正義ら後の時代の寵児たちの因縁をひもといていこう。

95年2月、増田は出張先の米カリフォルニア州で、テレビ画面に見入っていた。画面に映し出されていたのは、当時は米ゼネラル・モーターズ傘下だったヒューズ・エレクトロニクスが展開する衛星放送サービスのディレクＴＶである。地上波とは桁違いに鮮明で美しい映像は、テレビ界に革命を起こす可能性を予見させた。帰国した増田はＣＣＣ社内でこう言い出す。「うちもやりたい」。

増田は、通信衛星を運用する日本サテライトシステムズ（現スカパーＪＳＡＴ）から早速資料を取り寄せた。衛星は70億円ほどで打ち上げられるとのことだった。だが、笠原は懐疑的だった。ＮＥＣ出身の笠原にとって、衛星が簡単に打ち上げられるとは思えなかったのだ。ビデオレンタルチェーンのＴＳＵＴＡＹＡの伸びしろが十分にある中で、大博打のような新規事業への参入にも反対だった。

増田は譲らなかった。増田は、知人を通じてヒューズ日本の社長で、第一物産（現三井物産）出身の池貝庄司と出会い、衛星放送の仕組みを教わる。そして、米ロサンゼルスにあるヒューズの本社に乗り込むと会長兼ＣＥＯ（最高経営責任者）であるマイケル・アームストロングに、日本での展開を直談判する。当時、南米での衛星放送サービスの開設に注力していたヒューズは、日本市場には手が回っていなかった。急きょ、ディレクTVインターナショナルの社長にスカウトされたケビン・マグラスが窓口となった。

95年6月7日、増田と笠原はヒューズ本社に視察に訪れる。帰国後の6月18日には東京・恵比寿の恵比寿ガーデンプレイスにあるＣＣＣ本社にヒューズの担当者がやって来る。そして、翌19日に有料コンテンツに料金を支払う「ペイ・パー・ビュー」の衛星放送サービスの立ち上げを目指すとのＭＯＵ（基本合意書）を結び、企画会社を立ち上げる。レンタルビデオ店が衛星放送に参入するという一大プロジェクトが動きだしたのだ。

最大のミッションが資金集めだった。ヒューズはＣＣＣに対して大手企業のパートナーを見つけるように要請した。ＴＳＵＴＡＹＡが１０００万人の会員基盤を持つとはいえ、ＣＣＣではあまりにも企業規模が小さかった。事業面でシナジーが見込める出資者を探し出す必要があった。

　しばらくして、増田が飛び込む前にヒューズとディレクＴＶについて交渉していた三菱商事の参加が固まる。三菱商事は傘下に衛星運用会社の宇宙通信はあったが、メディア事業の取り組みはライバルの三井物産や住友商事に後れを取っていた。当時社長だった槇原稔がゴーサインを出し、常務で情報産業担当だった相原宏徳がディレクＴＶを担当することになる。最終的には、三菱商事だけでなく三菱電機と宇宙通信も株主に連なることになった。三菱グループの本気度が表れていた。

　さらに、デバイスメーカーとして白羽の矢を立てたのが松下電器である。大日本印刷社長の北島義俊と、徳間書店を起こした徳間康快もプロジェクトに賛同した。徳間は出版や映画、音楽などを幅広く手掛けるメディア界の超大物である。スタジオジブリの初代社長を務め、アニメ監督の宮崎駿の生みの親としても知られる。大物らが集ったまさに大連合だった。

次代の寵児たちの因縁

　ただし、株主が固まるまでには曲折もあった。一つが、ソフトバンク（現ソフトバンクグループ）創業者の孫正義の横やりである。きっかけは、増田が親しくしていた孫に衛星放送事業の構想を漏らしたことだ。まだ新会社の出資比率が決まる前のタイミングだった。孫は、ヒューズのアームストロングの元を訪れ、「ソフトバンクも入れてほしい」と直談判したのだ。結局、ヒューズと三菱商事が孫の要請を退け、ソフトバンクが株主に加わることはなかったが、この一件で、増田と孫の間にはしばらく隙間風が吹くことになる。

その後、孫はメディア王、ルパート・マードックと組み、ディレクTVの競合となる衛星放送チャンネル「JスカイB」の立ち上げを目指す。マードック率いるニューズ・コーポレーションと孫は、JスカイBのコンテンツを充実させるため、テレビ朝日の買収にも乗り出した。衛星放送を巡る各陣営の動きに日本のメディア界は大きく揺さぶられた。

「世界のモデルになるディレクTVをつくりたい」。96年10月15日、東京都内のホテルで開かれたディレクTVのお披露目の記者会見。ひな壇にアームストロングらと並んだ増田はそう抱負を語った。会見には、槇原や三菱電機社長の北岡隆ら株主のトップもずらりと顔をそろえ、まさに華々しい船出となった。

最終的に総費用は600億円に達した。増田が社長となったディレクTVジャパンの出資比率は、ヒューズとCCCが共に35％で、三菱商事や三菱電機など三菱グループが15％、松下電器が10％、大日本印刷が5％となった。ヒューズとCCCが35％ずつとしたのは、双方が拒否権を持つためだ。その後、徳間書店やオリックスなどが出資し、筆頭株主である2社の出資比率はやや下がったものの、比率は同数で並んだ。

日本初のCSデジタル放送「パーフェクTV!」の放送を96年に開始する日本デジタル放送サービスが、ディレクTVに先立ち95年に発足していた。株主には伊藤忠商事や三井物産、ソニー（現ソニーグループ）、トヨタ自動車、日本電信電話（NTT）などが連なった。後発のディレクTVは、そうした超大手企業とは「格」で大きく見劣りするCCCの主導で進むことになる。

ディレクTVの立ち上げに200億円を投じることになったCCCは、銀行から融資を受ける。貸し手は主要取引行だった日本興業銀行（現みずほ銀行）と住友銀行（現三井住友銀行）である。CCC担当の興銀東京支店の支店長は、後にみずほコーポレート銀行（現みずほ銀行）頭取となる齋藤宏、住友銀日本橋支店の支店長は後に楽天（現楽天グループ）の三木谷浩史の懐刀となる國重惇史だった。

その齋藤がCCCにアドバイザーとして送り込んだのが、三木谷である。93年に米ハーバード大学経営大学院でMBA（経営学修士）を取得して帰国した三木谷は当時、M&A（企業の合併・買収）の部門に在籍していた。実は、三木谷こそがディレクTVジャパンの立ち上げに当たっての最大の功労者の一人である。

ＣＣＣにはそもそも英語でヒューズと渡り合えるような人材は皆無だった。ただし、三木谷が担ったのは通訳の役割だけではない。三木谷はディレクＴＶジャパンの事業計画も練り上げた。三木谷は、加入者数や利用金額などの変数に応じた、損益シミュレーションのプログラムをパソコンで作り、増田らに示した。衛星放送をやりたいという増田の漠然とした夢を、三木谷は具体的な数字として落とし込んだといえる。

三木谷はヒューズとの交渉にも頻繁に同席した。交渉の場では、時に三木谷が増田や笠原を介さずに直接、相手と議論を交わすこともあった。事業計画を描いた三木谷はアドバイザーという枠を超え、実質的にはＣＣＣの一員になっていたのだ。

当時、三木谷はまだ20代後半。「興銀マンはとにかく優秀だと思い知った」。増田や笠原は一回りほど若い三木谷のハードワークぶりにそう舌を巻いた。増田は自著『情報楽園会社　ＴＳＵＴＡＹＡの創業とディレクＴＶの失敗から学んだこと』（復刊ドットコム）に、三木谷の貢献ぶりをこうつづっている。

「三木谷君がアームストロング氏に渡す報告書に『ＣＣＣはまだ小さい会社だけれど、大きくなる』と書いてくれた……（中略）……ＣＣＣとヒューズには差があった。普通に考えれば、合弁などあり得ない。そのあり得ない話がまとまったのは、三木谷君のおかげである」

三木谷の粉骨砕身もあって97年12月に本放送開始にこぎ着けたディレクTVだが、不振にあえぐことになる。

その要因の代表がコンテンツを巡る迷走だ。世界最高峰の自動車レース、F1が目玉になると見込んだ増田は、渡英してF1のテレビ放映権を持つ実業家と粘り強く交渉し、契約を取り付けた。だが、取締役会にかけると、ヒューズ側の幹部はなんと拒否権を発動した。米国人はF1を見たことがなく、興味がなかったのだ。増田が説得を繰り返したが、ヒューズ側は折れず、F1の放映は断念に追い込まれる。

ディレクTVジャパンの副社長だった笠原は当初、営業の担当だった。そもそも衛星放送事業への参入には反対だったが、実際に事業が動きだすと覚悟を決めて心血を注いだ。コンテンツが思うように調達できない状況で、番組担当も任された笠原が目を付けたのがプロ野球である。当時、フジテレビはニュースで結果を報じるために、全ての試合を録画していた。その録画を2次利用できれば、地上波にはないキラーコンテンツとなる。

当時フジテレビ社長だった日枝久になんとかアポを取り付け、笠原が日枝の元を訪れたが、日枝は増田が顔を見せないことに不満げな様子だった。結局、この話も流れてしまう。フジテレビは97年に、孫らが立ち上げたJスカイBに資本参加する。逃した魚は大きかった。

空回りが続く中で、株主間のあつれきも生じた。株主たちは、自らのビジネスを優先する我田引水を繰り返した。取締役会では何も決まらず、議論はしばしば空転した。そんな株主の不満の矛先は、仕切れない筆頭株主であるCCCの増田に向くことになる。

98年9月18日夜、増田はヒューズ出身でディレクTVジャパン会長のラリー・ハンターと会見に臨み、11月に社長を退くと明らかにした。電撃的な社長交代は三菱商事などの株主の意向によるもので、事実上の増田の解任だった。三菱商事の槙原は、増田の手腕について「目違いだった」と漏らしたとされる。ただし、当時45歳の増田が、海千山千の株主たちと対等に渡り合うのは難しかったのは事実だろう。

結局、ディレクTVはJスカイBとパーフェクTV!が統合した「スカイパーフェクTV!」に太刀打ちできず、2000年10月に廃局となる。増田の野望は水泡に帰したのだ。このつまずきによって、CCCは上場までさらなる時間を要し、三木谷が97年に創業した楽天に先に上場されるという屈辱も味わうことになる。

衛星放送事業を舞台にした熾烈《しれつ》な攻防は、増田や笠原のみならず、三木谷や孫ら、後の時代の寵児たちに因縁を植え付けた。それは、その後に火ぶたが切られた、ポイント経済圏を巡る戦いにも影響を及ぼすことになる。

第五章

新たな経済圏の胎動

創業者との同床異夢

「Senior Executive Vice President（シニア・エグゼクティブ・バイス・プレジデント）」。２００９年4月1日、カルチュア・コンビニエンス・クラブ（ＣＣＣ）の笠原和彦は、そんなポジションに任じられる。直前の肩書は、ＣＣＣ子会社で、Ｔポイントの運営を担うＴカード&マーケティングの社長。Ｔポイントの総責任者から退いたのである。

笠原と同じタイミングで同じ役職に就いたのが、ＴＳＵＴＡＹA社長などを歴任した日下孝明である。二人の机は東京・恵比寿の恵比寿ガーデンプレイスにある本社の21階に並べられ、横にそれぞれ秘書が付いた。初日の朝、大きなデスクに着いた笠原は、横にいる日下にこう聞いた。「俺たちは今日から何をすればいいんだ」。

新たに設けられた、その肩書を直訳すれば、上級副社長といったところだろう。だが、経営に関する権限はなく、社員に対する相談役のような立場だという。要は、閑職である。次の日、オフィスから日下の姿は消えた。

03年秋に、日本初の共通ポイントを立ち上げた笠原は、Ｔポイントの経済圏を広げるべく加盟店開拓に没頭してきた。最初期の加盟店であるローソンの電撃脱退があったものの、代わりにファミリーマートの加盟を取り付け、最大の危機は乗り越えた。Ｔポイントの認知度は高まり、会員数も右肩上がりで伸びていた。

華々しい成長を見せるTポイントに興味を示し始めたのが、誰あろうCCC創業者である増田宗昭だった。笠原が立ち上げから取り仕切ってきたTポイント事業に次第に首を突っ込むようになる。増田がこだわったのは提案資料などのデザインや体裁だ。社員が顧客向けに作成した資料に口を出し、一度固まった提案書がやり直しになるような事態もしばしば起きた。

物おじしない笠原は、増田のやり方に反対し、やり直しを拒否した。だが、ほかの社員にとってみれば、増田は社長であり、筆頭株主であり、オーナーである。笠原のような態度を取るわけにもいかなかった。増田が徐々にTポイントへの関与を強める中で起きたのが、笠原がTポイントの総責任者から降板する人事だったのだ。

前後して、CCCではゴタゴタが相次いでいた。その起点は増田であった。一つが、幹部の賞与を巡るものだ。CCCは09年上期に予算未達となった。すると、増田は幹部に賞与を一部返上するよう要求した。だが、この方針は期中に突如増田が言い出したものである。「後出しじゃんけん」を問題視した笠原ら数人は拒否したものの、ほかの約100人の幹部は従った。

その後、09年通期では、赤字会社の統合などで利益は上振れした。今度は、増田はその利益で、株主配当を増やすと決めた。筆頭株主は増田である。幹部に賞与を返上させる一方で、自身の報酬増につながる配当を上乗せしたのだ。幹部の不満が充満した。

理不尽な仕打ちもあった。CCCは09年にある企業を買収した。経営不振の企業の買収に役員のほとんどが反対する中で、増田はM&A（企業の合併・買収）を強行した。反対の急先鋒だったのが当時TSUTAYA幹部だった山地浩だ。増田は、あろうことか、山地をその会社の社長に送り込む。そして、再建が進むと、今度は山地を外して、かつての経営者をトップに据えた。

CCCの柱であるTSUTAYAも空回り気味だった。増田は当時、ビデオレンタルチェーンのライバルだったゲオ（現ゲオホールディングス）とDVDレンタル1本100円の「100円レンタル」戦争を主導していた。100円では加盟店に実入りがほとんどない。まさに消耗戦を続けていたのだ。

CCCの草創期から増田を支えてきた笠原はしばしば苦言を呈してきた。だが、増田の振る舞いが変わる様子はなかった。幹部や社員の不満も爆発寸前だった。

何度か直接、物を申してきたが、増田に変化はなく、笠原は意を決する。10年7月8日夜、笠原と増田は東京・恵比寿の日本料理店で相まみえた。人事の担当役員だった三宅恭弘も同席した。小上がりの個室で、笠原は幹部らを代表して不平不満を訴えた。

ＴＳＵＴＡＹＡの経営に関しては、笠原は１００円レンタルの消耗戦から撤退すべきだと考えていた。仮に３００円に値上げして、売り上げが半分に落ちたとしても、加盟店が確保できる利益は増える。だが、増田は「そんなことをしたら負ける」と譲る気配はなかった。

議論は４時間にも及んだが、両者の主張は完全に平行線だった。笠原は説得を諦めた。そして、その場で増田にこう告げた。「9月末で退職させてもらいます」。ＮＥＣの営業マンだったときから約25年にもわたってＣＣＣに関わってきた笠原の幕引きはあっけなかった。

「世界一の企画会社」。笠原がＣＣＣに参画したのはそんな会社をつくるという目標に賛同したからだ。だが、笠原がデータベースを基にマーケティングやビジネスコンサルティングなどを手掛けることを志向していたのに対し、増田はデザインや業態開発といった方向性にこだわっていた。まさに「同床異夢」である。両者が目指すビジネスの方向性の隔たりは大きかった。

ちなみに、笠原の退社をきっかけに、幹部の退職も相次いだ。笠原の退社からわずか１年ほどで経営会議のメンバーだった13人のうち、10人がＣＣＣを去った。増田の右腕だった笠原の離脱は大きかった。

退職日である10年9月30日、笠原は会社を出ると千葉県松戸市に向かう。足を運んだのは、ドラッグストア大手、マツモトキヨシの本社である。Tポイントがスタートする前の02年から加盟交渉で幾度となく訪れた場所である。笠原は面会した会長兼社長の吉田雅司にこう伝える。「8年間通いましたが、ご一緒できず残念でした」。その後、笠原は会社に戻ることなく、76人の部下が待つ送別会に直行した。

翌日、朝から笠原の電話が鳴り続けた。笠原の退社を新聞で知った知人からの連絡が相次いだのだ。スターバックスコーヒージャパンの創業者である角田雄二や、雑誌編集者でテレビの深夜番組の司会で有名になった石川次郎らである。二人ともTSUTAYAを通じて得た縁だった。

電話をかけてきた人物の中には、楽天（現楽天グループ）社長の三木谷浩史もいた。三木谷はこんな言葉を掛ける。「今度何か手伝ってくださいよ」。当時の三木谷と笠原にとっては、何げない一言だった。具体的な「何か」があったわけではなかったからだ。だが、その4年後、笠原は楽天に移籍し、自らが生み出したTポイントを倒す戦いに身を投じることになる。運命の歯車は回り始めていたのだ。

電撃辞令でアパレル業に

「これから何をするの」。10年9月、25年にわたり関わったCCCを退職した笠原にそう声を掛けたのが、アパレル大手のワールド社長だった寺井秀藏である。

寺井と笠原が共通の知人を介して知り合ったのは約15年前のこと。経営学の大家となる神戸大学教授だった加護野忠男も交えて、親睦を深めてきた。加護野は、笠原がNEC時代の課長試験の教科書である『経営戦略論』（有斐閣）の共著者だった。まだ30代だった笠原が経営のいろはを学んだ書である。

同年10月に笠原はコンサルティング会社を立ち上げた。当面、アドバイザーとして活動する考えだったのだ。笠原からそんな説明を受けた寺井は、事務所をどこに置くのか尋ねた。笠原は自宅を事務所にするつもりだった。すると、寺井は東京・北青山にあるワールド本社の部屋を無償で貸すと申し出た。超一等地に事務所を構え、笠原の顧問ビジネスがスタートした。

年末になって、笠原は寺井からワールドの顧問も頼まれる。すでに契約を結んでいた他の企業との兼業を認めてもらい、笠原は引き受ける。

当時、ワールドではワールドプレミアクラブというポイントカードを立ち上げるプロジェクトが動いていた。笠原はまずその支援に当たることになる。100以上ものアパレルブランドを持つワールドは顧客の年齢が上がるごとに、上のブランドに移行させていく戦略を採っていた。だが、実態は他社のブランドにスイッチしている顧客も多いとみられていた。

ポイントカードの狙いは、会員の購買動向の把握だった。ただし、導入は容易に進んだわけではない。ワールドが自社ポイントを導入するには、テナントである百貨店の承諾を取り付けなければならなかったのだ。

笠原は最初に阪急百貨店の説得に当たる。その頃、阪急百貨店は博多阪急を開業し、九州に初進出していた。地元最大の百貨店である岩田屋との差別化の目玉と説いて、導入してもらうことに成功する。

その後、CCC時代の部下だった大野健司が高島屋などを回った。Tポイントでローソンの電撃脱退の対応に追われた大野は、CCCを去った笠原の求めでワールドに移っていた。大野の活躍もあり、最終的には全ての百貨店で導入する。後にポイントカードの発行数は2000万枚に達するなどプロジェクトは大成功を収める。まさにポイントビジネスを熟知する笠原にうってつけの仕事だった。

アパレル業界が遅れていたインターネット販売にも力を入れた。11年4月に自社ブランドの通販サイト「ワールドオンラインストア」を開設する。だが、立ち上げに当たっては、社内からこんな反発の声が上がる。「実店舗の売り上げが落ちる」。当時、流通業界では「ネットはリアルを食う」というイメージが根強かった。各ブランドを担当するブランド長の多くが反対に回った。結局、「稼ぎ頭」の主要ブランドを除いてスタートした。

ふたを開けてみると、ネット販売が伸びる一方で、店の売り上げは落ちなかった。むしろ、ネットが新たな需要を掘り起こした格好だった。すると、反対していたブランド長たちは態度をがらりと変え、「うちのブランドもやってくれ」と言い出すありさまだった。

笠原は、アウトレットの販売サイトも立ち上げた。これも、同じように「新品が売れなくなる」との声が出た。しかし、購買動向を分析すると、アウトレット品を購入した顧客の一部は、後に新品を買っていた。アウトレットの販売サイトを導線にして、ブランドのロイヤルユーザーが獲得できることが分かったのだ。

11年秋には、笠原はネット通販大手のファッションウォーカーの買収を主導する。同社はファッションイベント、東京ガールズコレクションの通販サイトを手掛け、60万人の会員基盤があった。ワールドのＥＣ（電子商取引）事業の売上高は、てこ入れからわずか数年で１００億円超まで伸びた。全体の売上高は当時３０００億円超で、ＥＣ比率はまだ低かったが、業界では最大規模となった。

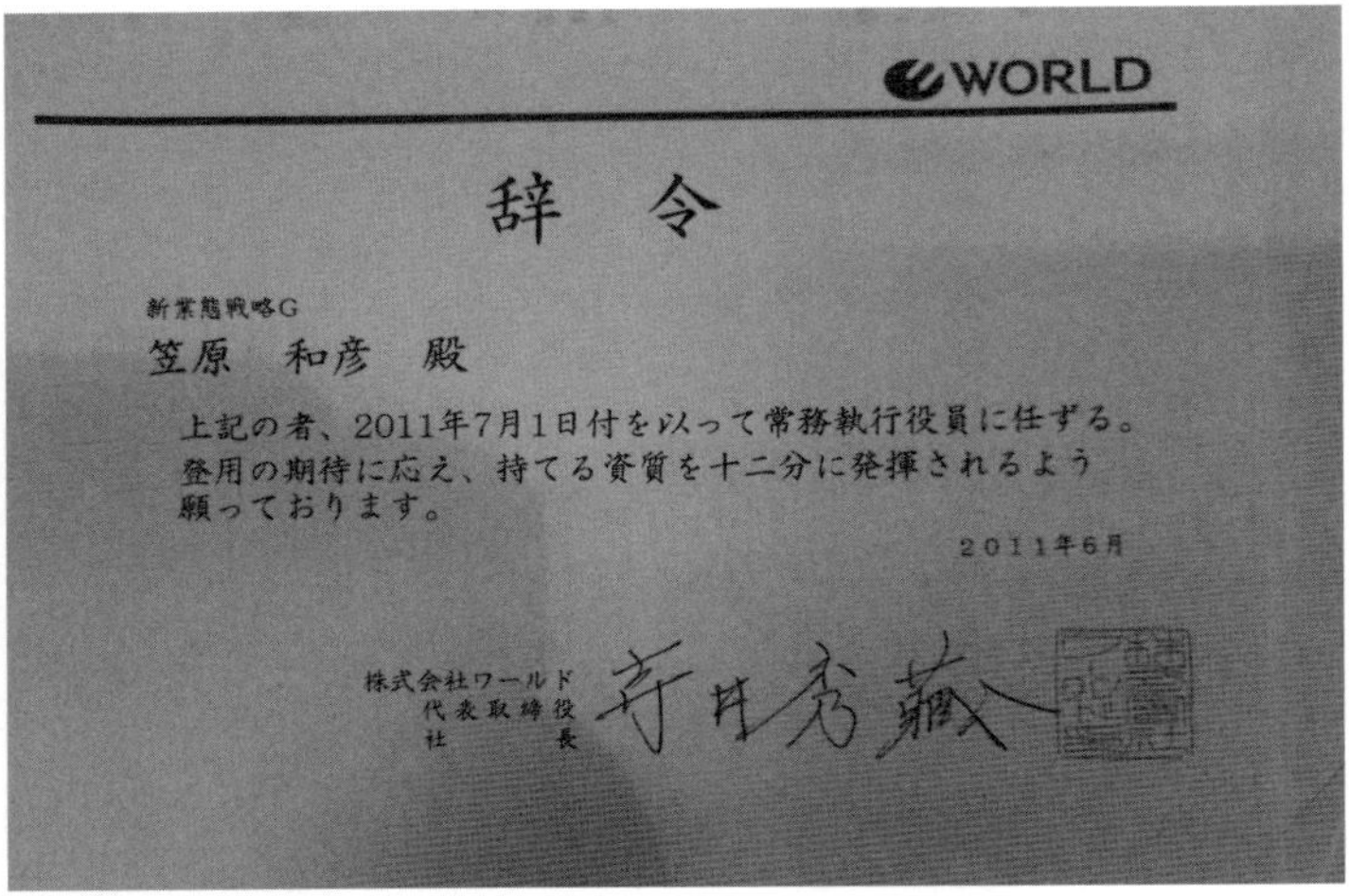

WORLD

辞令

新業態戦略G

笠原　和彦　殿

上記の者、2011年7月1日付を以って常務執行役員に任ずる。
登用の期待に応え、持てる資質を十二分に発揮されるよう
願っております。

2011年6月

株式会社ワールド
代表取締役
社　　長

Tポイントの「生みの親」が突然手渡された辞令。ワールド役員に就き、アパレル業界に身を投じることとなった

顧問ビジネスで大活躍していた笠原に突如、転機が訪れる。ワールドの顧問を引き受けて半年ほどたった11年6月30日のことだ。笠原は、愛媛で地元スーパーのフジとワールドのブランド「シューラルー」のフランチャイズ（FC）契約について交渉をしていた。

当時、ワールドのブランドは基本的には直営店で展開していた。だが、特に地方などでは店員の採用などのコストがかさみ、直営店は利益を圧迫していた。その解決策として、笠原が考えたのが、地方の小売業などへのFC契約の売り込みだった。利益は減るものの、コストの大幅改善が期待できる。

交渉を終え、帰京すべく松山空港にい

た笠原は寺井から電話を受ける。寺井はこう言った。「今晩は会社に戻ってくる?」。笠原が翌日では駄目かと聞いても、寺井は今晩がいいという。笠原は首をかしげながらも、その晩に東京・北青山のワールド本社に戻った。笠原を迎えた寺井は突然、一枚の紙を笠原に手渡した。

笠原が紙に目を落とすと、「辞令」とある。そして、社長である寺井の命で「2011年7月1日付を以って常務執行役員に任ずる」とあった。寝耳に水だった。あっけに取られた笠原が、「考えさせてほしい」と言うと、寺井は笑ってこう言った。「明日の新聞に出るからね」。笠原は苦笑いを浮かべ、観念する。わずか半年で立場が顧問から常務執行役員に変わったのだ。

笠原が役員として直面したのが、アパレル業界の不況である。ワールドは07年3月期に当時、過去最高の営業利益をたたき出した。その後も、拡大戦略を掲げて大量出店し、10年ごろには店舗網は3000店超に達する。しかし、そこに08年のリーマンショックを引き金とした不況が襲う。大量出店が裏目となり、ワールドの業績は急速に悪化していく。

逆風下で、笠原が請け負うことになったのがリストラだ。13年夏にはリストラ計画を推し進めることになる。具体的には、3000店のうち、1割強に当たる500店の閉店と、社員500人の早期退職募集という大規模なものだった。

このリストラは笠原にとってはつらいものだった。入社して日が浅い笠原が、長く会社のために働いてきた社員に「辞めてください」と伝えないといけないのだ。笠原が在籍していた間では30人ほどに退職に応じてもらった。

直前、笠原は新規出店開発の担当だった。つまり、出店を全国のテナントにお願いして回っていたのだ。だが、今度はリストラ担当として、出店を受け入れたテナントに「退店させてください」と頭を下げて回らなければならなかった。部下と共に全国をおわび行脚した。

リストラにめどが付き始めた頃、笠原の頭には退職の2文字が浮かんでいた。社員のクビを切る自分も責任を取る必要があるとの思いだった。

他方、CCC時代に手掛けてきたポイントビジネスに対する心残りもあった。日本初の共通ポイントであるTポイントを立ち上げたものの、もっと巨大な経済圏を築くことができたはずだと感じていた。この不完全燃焼の感情が、笠原を新たな道に導くことになる。

「古巣」との全面対決へ

ワールドの役員でありながら、笠原は楽天顧問の兼業だけは許されていた。楽天のポイントビジネスの可能性を感じていた笠原が、ワールド社長の寺井に頼み込んだためだ。

その可能性とは、楽天ポイントの共通ポイント化だった。楽天市場など関連のサービスに利用を限っていたポイントをリアルの世界に広げる試みである。かねて三木谷に説いていたが、三木谷が首を縦に振ることはなかった。しかし、その三木谷は12年6月にCCCとヤフー（現ＬＩＮＥヤフー）が共通ポイントを柱とする電撃的な資本業務提携を結ぶと、共通ポイント市場への進攻の意思を固める。

笠原は顧問として、楽天の共通ポイント化を支援することになる。CCCでTポイントを手掛けていたかつての部下らも楽天に集結した。楽天側で笠原とのパイプ役となったのが、ポイント事業や楽天ブックスの担当役員だった舟木徹である。住友銀行（現三井住友銀行）出身の舟木は、１９９７年にCCCに移り経営企画部門でM＆Aなどを手掛けた。舟木は06年、旧知の間柄である三木谷が率いる楽天に転じていた。笠原はCCC時代に部下だった舟木と楽天で再びタッグを組むことになる。

笠原は自らの営業力を生かし、Tポイント時代の加盟店を回り、楽天ポイントの魅力を説いた。13年7月には、住友銀行出身で楽天副会長だった國重惇史の紹介で、家電量販店大手、ビックカメラ会長の新井隆二と面談。Tポイントの主要加盟店であるJXホールディングス（10年に旧新日本石油と旧新日鉱ホールディングスが統合して発足、現ENEO

Sホールディングス）とは、NDA（秘密保持契約）を結び交渉を進めた。

楽天ポイントの最大の魅力が、流通するポイント量である。当時、楽天では年間800億円分のポイントが流通していた。1ポイント100円で単純計算すると、8兆円もの消費がひも付いていたことになる。

一方、Tポイントは7兆円近い消費額にひも付いていた。だが、その内訳を見ると、提携するヤフーやソフトバンクでのポイント付与が多く、付与率も小さかった。つまり、ポイントの年間流通額は700億円に満たない。加盟店数で見れば、先発のTポイントが圧倒していたものの、ポイント経済圏にとっての力の源ともいえるポイントの流通額は楽天の方が多かったのだ。

しかも、楽天のポイントはまだネットの世界に閉ざされていた。消費の規模が桁違いに大きいリアルの世界にそのポイントが流れ込めば、一挙に経済圏は巨大になる可能性があったのだ。

ただし、笠原は全面的な楽天へのコミットには及び腰だった。なぜなら、それは古巣であるCCCとの全面戦争を意味するからだ。自らが苦労して育て上げたTポイントと戦うことに、少し気が重かったのも確かだ。

その笠原の背中を押すことになる事件が起きる。13年初夏の昼のことだ。帝国ホテル東京で開かれたあるセミナーに出席した笠原は、フロアでジャンパー姿の男を見掛ける。場違いな格好の男の印象が強く残った。その晩、東京・赤坂で部下と打ち上げをしていた笠原は、店から出ると、同じ男が近くにいることに気付く。「さっきいた人まだいますね」。一緒にいた部下がそう漏らしたほどだ。笠原が帰宅するためにタクシーに乗ると、車が後を付けてきているようだった。

翌朝、出勤前に近所を散歩していた笠原は、ある男と擦れ違った。そして、一度帰宅して、出勤のために家を出たばかりの笠原は、自宅にいる妻から電話を受ける。妻は、開口一番こう言った。「後ろを男が付けている」。ベランダにいた妻が、笠原の後を付ける不審な男を見つけたのだ。

笠原は、最寄りの駅まであちこち歩き回り、男をまいた。そして、電車に乗り、ふと隣の扉の方に目をやると、その男の姿があった。笠原はドアが閉まる直前に慌てて飛び降り、男をやり過ごした。

電車に乗ってワールドの本社に着いた笠原は目を疑う。ビルの向かいの物陰に、さっきの男が隠れていたのだ。笠原はすぐに近くの赤坂警察署に相談したが、対応した警察官は「素人に尾行がバレる探偵はいませんよ」と取り付く島もなかった。

翌朝も笠原は自宅周辺をスーツ姿でうろつく男を見つける。すぐに玉川警察署に通報し、身柄を確保してもらう。警察が言うには、確保した男は探偵だった。探偵の目的などは明かされなかった。

尾行はしばらく続くことになる。後を付けられていた男をまいた後に、駅のベンチで一息つき、ふと隣に座った男の足元を見ると、さっき自分の後を付けていた男と同じ靴だったこともある。途中で上着を着替えたのかもしれない。結局、警察に確保してもらった探偵は3、4人に上った。人数や期間を見ると、かなりの費用がかかるのは間違いない。

探偵の依頼主が誰かは当然分からない。だが、笠原にはある人物の顔が浮かんでいた。尾行が始まる前に、笠原はＪＸやアルペン、すかいらーくといったＴポイントの加盟店を回っていた。楽天顧問の立場である笠原の動きに、神経質になっている人物がいたはずである。もちろん、証拠はない。だが、笠原にこんな気持ちが沸々と湧き上がる。「そこまでするのか」。笠原は古巣との対決を決意する。

「楽天で手伝ってくれませんか」。14年8月、笠原は三木谷からそう頼み込まれた。正式なオファーといってよかった。その2カ月後に、楽天は共通ポイントへの参入を控えていた。スタート時に、石油元売り大手の出光興産や、百貨店大手の大丸松坂屋百貨店、ダスキンなどの参画が固まっていたものの、共通ポイントでは圧倒的な知名度を誇るＴポイントを相手に、苦戦が予想された。楽天にはポイントビジネスを知り尽くした、笠原の力が必要だったのだ。

同年9月、東京・品川の楽天本社で、笠原は楽天クレジット（現楽天カード）社長だった穂坂雅之と会うことになる。二人は初対面だった。オリックス出身の穂坂は、05年に買収した国内信販を再建し、その後は衣替えした楽天カードを業界トップに育て上げた。楽天が巨大な経済圏を築き上げることに成功したのは、楽天カードの存在が極めて大きい。

実は、CCC時代の笠原の元にも国内信販の売却案件は持ち込まれていた。だが、笠原は、再建が不可能と判断し、買収を見送っていた。笠原は、国内信販の再建を成功させた穂坂に以前から会ってみたいと思っていた。

穂坂は笠原に会うなり、開口一番こう言った。「昔からお名前は聞いています。怖い人だと」。二人は大笑いした。同年春に三木谷の懐刀を長く務めてきた國重が楽天を去り、もう一人の重要な相談役が穂坂だった。その穂坂への「面通し」は和やかな雰囲気で終わった。

楽天に移ることを決めた笠原は、ワールドの寺井に退職を申し出る。「Tポイントでは不完全燃焼でした」。笠原は、自ら立ち上げたTポイントは、1業種1社ルールによって可能性を逆に閉ざしていたと感じていた。狭い世界でしか使えないポイントでは、その先にあるデータベースマーケティングは不可能だと確信していたのだ。笠原は楽天で再挑戦したいとの思いを寺井にぶつけた。「やりたいことしたらええよ」。寺井はそう言って、一切慰留することはなかった。

14年10月20日にワールドの役員を退任した笠原は翌11月に楽天に入社し、ポイントパートナー事業長に就任する。楽天のポイント事業の総責任者の立場である。

入社した笠原は早速、スタートしたばかりの楽天ポイントの利用率を見て、がくぜんとする。全くと言っていいほど使われていなかったのだ。利用率だけではない。新規の加盟店開拓などやるべきことが山積していた。まだ先行する王者、Tポイントには大きく水をあけられていたのだ。

対「囲い込み」で活路

笠原が楽天に入社した14年11月の時点で、Tポイントのアクティブ・ユニーク会員数はすでに5000万人を突破していた。アクティブ・ユニーク会員とは、1年以内にTポイントを利用した会員である。つまり、頻繁に使わない会員を除いた数字だ。

さらに、Tポイントの会員は「名寄せ」もしている。複数のポイントカードを持っている同じ人物は1人としてカウントする。単にポイントカードをばらまいているだけではないのだ。それらの定義に従うと、Tポイントの会員数は、日本の総人口の4割をもカバーしていた。そして、利用できる場所はリアルとオンラインの店舗の計23万カ所に上った。

Tポイントから電撃離脱したローソンを中心に10年にスタートしたPonta（ポンタ）も会員数は6000万人に達していた。14年春には、Pontaを運営するロイヤリティ マーケティングが、旅行予約サイト「じゃらん」などを持つリクルートホールディングスと資本・業務提携に踏み切る。この提携でPontaは10万近い店舗で利用できるようになった。

一方、後発の楽天は両者に大きく後れを取っていた。大丸や松坂屋を傘下に持つJ．フロントリテイリング、出光興産、サークルKサンクス（現ファミリーマート）など12社・団体でスタートしたものの、リアルで使える場所は、サークルKサンクスの6300店や出光興産のガソリンスタンド3100カ所を合わせた約1万2000カ所にとどまっていた。

何より、最大の問題は認知度であった。

楽天ポイントの共通ポイント化がスタートして間もなくのことだ。笠原はJ．フロント社長の山本良一にこう直談判した。「もっとステッカーを店内に張ってもらえませんか」。「楽天ポイントが使えます」。そう分かるステッカーが張られたのは、大丸店舗の入り口のわずか1カ所だった。これでは、来店客は楽天ポイントが使えるかどうか分からない。

だが、山本はこう応じた。「百貨店にそんなごちゃごちゃしたものは張れません」。そして、「楽天が送客してくれるんじゃなかったんですか」と不満を漏らした。笠原は「お互いが頑張らないといけませんよね」と、とりなした。

笠原は、東京・品川の楽天本社近辺にある出光興産のガソリンスタンド2カ所にも足を運んだ。「楽天ポイントが使えます」と記されたのぼりは見当たらなかった。やはり、楽天ポイントが使えるかどうかが分からないのだ。

消費者にとっての楽天のイメージは、あくまで楽天市場である。告知が足りず、リアルの場でポイントが使えることを知る会員はほとんどいなかった。実際、苦戦は数字に表れていた。共通ポイントでは「関与売上高」を主なKPI（重要業績評価指標）としている。つまり、ポイントが関与した購買金額を足し合わせたものである。

その関与売上高は、スタート間もなくの14年11月の月間でわずか80億円にとどまっていた。今の楽天にとっては、ほんの数時間分の数値である。

Tポイントがこの水準を達成したのは、03年10月にスタートしてから半年ほどだ。Tポイントの出だしよりも良くは見えるが、当初からポイント流通額でTポイントを上回っていた楽天ポイントのポテンシャルを見れば、明らかに物足りない数字だった。楽天に移った笠原の最初の仕事が、全国の店舗を回り、のぼりを出したり、ステッカーを張ったりする地道なものだった。

もう一つネックがあった。それが新規の加盟店の獲得である。最初期の加盟店としては12社・団体を確保したが、さらなる加盟店の開拓が難航していたのだ。

当初、笠原はTポイント時代からの付き合いがある企業を中心に回っていた。JXやすかいらーく、ファミリーマート、アルペンといった「大物」である。狙いはTポイントからのリプレイスだった。Tポイントの更新時期を見据え、ピンポイントで営業攻勢をかけた。

だが、手応えは悪かった。例えば、笠原と会ったアルペン創業者で社長の水野泰三はこう言った。「楽天の方がすごいのは分かるけど、力が付くまではTポイントから切り替えることはできないよ。そのうちやればいいね。笠原さんごめんね」。他の企業も似たような反応だった。結局、各社はTポイントと契約を更新してしまう。空振りだった。

各社のドライな態度の陰には、Tポイントの「1業種1社」ルールの存在があった。加えて、圧倒的な力を持っていたのが、ある規約の存在である。

Tポイントと加盟企業が結ぶ規約にはこうある。「Tポイント以外のポイントは導入してはならない」。それだけではない。「他のポイントの導入検討をしてはならない」という

楽天は2014年10月1日、共通ポイント事業に参入し、巨大なTポイント経済圏に挑むことになった

文言もあった。つまり、Tポイント以外のポイントを導入するどころか、そもそも他の事業者と協議すらしてはいけないのだ。超強力な排他ルールだった。

しかも、加盟企業にとって、排他の「恩恵」を失う打撃は大きい。仮に脱退すれば、同じ業界の競合企業が加盟して、追い落としを図ってくるかもしれない。既得権を手放しにくいという心理が働くのだ。

そして、その「1業種1社」の排他ルールを作った人物こそが笠原その人であった。自らが生んだルールが、今度はTポイント打倒を目指す笠原の前に大きく立ちふさがった格好だった。

思案に暮れた笠原は、考え方を変える。

「1業種1社」ではなく、もっとオープンな連合を目指すべきだと考えたのだ。そもそも共通ポイントの世界は、笠原が作ったルールに縛られてきた。Tポイントに続いて参入したＰｏｎｔａが同じように1業種1社で加盟店を開拓していたのがその例である。

笠原は古い常識を捨て去るときだと考えていた。実際、笠原は「1業種1社」ルールはTポイントの可能性を閉ざしてきたと考えていた。狭い世界でしか得られないデータでは、高度なマーケティングには生かせない。ＪＸなどの大物を逃し、笠原は原点回帰に踏み切ったのだ。

しかも、その作戦は、楽天ポイントの認知度を高めるためにも最適といえた。全国チェーンの小売業や外食業などに導入してもらえれば、楽天ポイントがリアルで使えることを周知できる。超大手だけを「囲い込む」Tポイントに対し、業種や地域にとらわれない幅広い「包み込み」で対抗するアプローチだった。

「1業種1社」という強力な武器を持ち、巨大な加盟店網を誇るTポイントに対し、後発の楽天は、共通ポイント業界の常識を覆す、新たな独自戦略で立ち向かっていくことになった。

上新電機で生まれた妙案

新たな戦略を掲げたものの、肝心要ともいえる新規加盟店の獲得は苦戦が続いていた。14年11月に楽天に移籍したばかりの笠原が訪ねたのが、大阪を本拠とする家電量販店大手の上新電機副社長（現社長）の金谷隆平の元である。実は、笠原はその約10年前のCCC時代に、金谷にTポイント導入を呼び掛けたことがあった。

大阪・日本橋にあった上新電機の旧本社を訪れた笠原は常務営業本部長だった金谷にTポイントの利点を説いた。笠原の説明を聞いた金谷は、Tポイントの「1業種1社」ルールが魅力的に映った。加入すれば、競争が激しい家電量販店では上新電機のみとなる。だが、笠原との2度目の面会で、金谷は参画を断る。Tポイント側が提示した条件がのめなかったからだ。その条件とは、上新電機が自社で展開するポイントカードを廃止して、Tポイントに一本化する、というものだった。

上新電機が89年にスタートした自社カードは、顧客の購買履歴の全てをデータとして蓄積してきた。理由は、家電製品のリコール（回収・無償修理）に対応するためだ。メーカーからリコールの連絡が来た際に、購買履歴を基に製品を購入した顧客に速やかに知らせることができる。

購買履歴をここまで徹底的に管理している家電量販店はまれだ。20年時点で、購買履歴の件数は12億8900万に上る。25年前の新婚時代に購入した家電のリコール通知が当時とは異なる現住所にちゃんと届くことに驚く顧客がいるほどだ。

Tポイント側が出した条件は、その上新電機の「売り」を捨ててくれというのに等しかった。Tポイントに一本化すれば、顧客の購買履歴はTポイント側が持つことになり、上新電機は把握できなくなる。金谷に検討の余地はなかった。笠原はその後も上新電機を繰り返し訪問し、Tポイント加入を頼んだが、金谷が首を縦に振ることはなかった。

それから10年後、今度は楽天ポイントの責任者という立場で笠原は金谷と再び相まみえた。楽天ポイントのメリットを訴える笠原に対し、今度は金谷が加盟するための条件を一つ提示した。それが、楽天会員が上新電機で買い物をした際に、上新電機の自社カードの会員に加入してもらうということだった。つまり、顧客に楽天と上新電機の両方のポイントカードを持ってもらい、両方にポイントを付けるということだ。

続けて、金谷はこう念を押した。「自社カードで購買履歴を蓄積できなければやれません」。大原則は譲れなかったのだ。だが、それを聞いた笠原は、直感的に面白いと感じた。それまで、楽天と加盟店が会員情報を共有し、「ダブル」でポイントを付与するという発想はなかった。ポイント付与のコストはかかるものの、消費者にとっては大きな魅力となる。「それでいきましょう」。笠原はその場で快諾した。

ただ、笠原がダブル付与の話を楽天に持ち帰ると、社内は反対の大合唱だった。「楽天市場の顧客が奪われてしまう」。会員情報を共有するという前例のない取り組みに対しての懸念が噴出した。笠原は、三木谷に直接説明する。三木谷の答えはシンプルだった。「いいんじゃないですか」。三木谷があっさりと受け入れ、反対の声はやんだ。

金谷にとって、条件をのんでくれた楽天のポイントを受け入れない理由はなかった。当時、楽天の会員基盤は1億に達していた。圧倒的な楽天会員の「受け皿」になれば恩恵は計り知れない。

15年3月9日、笠原に会った金谷はこう告げる。「絶対にやりますよ」。その言葉通り、同月25日の上新電機の役員会で、楽天ポイントの導入が決まる。そして、同年9月14日、上新電機の220店舗で楽天ポイントの取り扱いがスタートした。

当初、金谷には心配もあった。それがポイントの「持ち出し」である。高額な家電の購入時に付与したポイントが、他の加盟店であるコンビニエンスストアなどで使われてしまうことを危惧したのだ。だが、それは杞憂となる。楽天がすでにネットの世界で大量のポイントを発行していたからだ。持ち出しどころか、店頭での付与額よりも流入額が圧倒的に上回った。

加盟店開拓で苦戦続きの楽天ポイントにとって上新電機は救いの主となった。14年10月のスタート時点の加盟店である12社・団体に続く、新たな加盟店の第1号となったからだ。何より、上新電機の参画は、笠原の加盟店の開拓戦略に大きな示唆を与えた。それが、自社ポイント廃止がネックとなったTポイント時代の交渉相手を狙う、という観点である。自社ポイント廃止がのめず、導入を見送った企業はそれだけ多かったのだ。

愛媛県を本拠とするスーパーのフジもその一つだ。CCC時代から笠原はフジとは長い関係があった。2000年代には、CCC幹部だった笠原は100円レンタル業態で四国に殴り込みをかけた。

その影響で打撃を受けたのが、フジが展開していたレンタルチェーンである。笠原は激怒したフジの当時の常務開発本部長だった福山公平をとりなし、逆にTSUTAYAの加盟店に加入してもらった。それをきっかけに、笠原はフジと深い関係を築いてきた。笠原はフジにTポイント加盟も持ち掛けた。しかし、結局はフジの自社ポイントカード廃止が障害となり、加盟は見送られた。

笠原は、そんな経緯のあったフジにも楽天ポイントを売り込む。カウンターパートとなったのが、専務の大内健二と常務の高橋正人である。「自社カードを廃止する必要はないですよ」。笠原はそう強調した。フジ側は話に飛び付いた。若い世代を取り込みたい地方スーパーにとって楽天の会員基盤は魅力だった。大内と高橋が社内を説得して回った。

元々、社長の尾崎英雄はTポイントに理解を示し、導入を前向きに検討していたほどだ。笠原が直接説明すると、尾崎はこういった。「Tポイントは導入しないけれど、楽天ポイントは導入しますよ」。15年9月、フジは楽天ポイントの導入を決めた。

スタートから約1年近く、楽天ポイントは加盟店を増やせず、足踏みが続いた。首位のTポイントを攻めあぐねる中で、突破口となったのが上新電機やフジの加盟だった。上新電機からスタートしたダブル付与は、今では楽天ポイントに加盟する40社近くが採用している。

ダブル付与が画期的だったのは、単にポイントの大盤振る舞いによる集客力の向上だけではない。自社ポイントの廃止を迫るTポイント流の「囲い込み」に対し、笠原が構想した業種や地域にとらわれない「包み込み」戦略を体現していたことだ。共通ポイント事業者と加盟店の間で、排他的ではなく、オープンな関係を築くという思想が底流にあった。

金谷は、笠原との長い付き合いについてこう振り返る。「100回来てもらって1回ぐらいしか応じていない。申し訳ないと思っている」。だが、その1回こそが楽天にとっては「値千金の一打」となった。立ち上げから苦戦が続いてきた楽天ポイントは、これを起爆剤として反転攻勢に打って出ることになる。

第六章
Tポイントvs楽天

ENEOS「10年戦争」

Tポイントが築き上げた経済圏に挑んだのが、後発の楽天ポイントである。激しい戦いの舞台となったのが、石油元売り最大手のENEOSホールディングスであった。

「楽天ポイントがたまります」。2022年4月1日、そんなのぼりが、ENEOSが展開するガソリンスタンドではためいた。ENEOSは03年秋にスタートしたTポイントの最初の加盟店で、20年近く他のポイントを一切受け入れてこなかった。楽天(21年4月より楽天グループ)にとっては、Tポイントが長く死守してきた「牙城」を崩した形だった。楽天のENEOS攻略は10年にも及ぶ、まさに苦闘だった。

交渉開始は13年のことだ。共通ポイントの生みの親である笠原和彦はカルチュア・コンビニエンス・クラブ(CCC)は去っていたが、まだ楽天への移籍前だった。当時は共通ポイントへの参入を目指す楽天を顧問の立場で支援していた。

13年末、笠原は東京・大手町にあったJXビルに足を運んだ。アポイントメントの相手は、JXホールディングス(17年からJXTGホールディングス、現ENEOSホールディングス)相談役の渡文明だ。アポ入れをしてくれたのは、渡と親交が深かったフューチャーアーキテクト(現フューチャー)の金丸恭文である。

「笠原くん、よー来たな」。人懐っこい笑みを浮かべ、渡は相談役の部屋に笠原と金丸を招き入れた。笠原と渡はTポイントがスタートしたときからの縁である。笠原は、楽天が共通ポイント事業に参入する計画を説明し、加盟店への参画を求めた。だが、小一時間ほどのやりとりで、渡の口から「検討するよ」という言葉は出なかった。

Tポイントの加盟店であるJXには、「1業種1社」ルールの縛りがあった。長らく恩恵を受けてきたそのルールを無視して、まだ立ち上がってすらいない新たなポイントを受け入れるはずがなかった。実際、笠原らに対してJXの担当者も、Tポイントの排他契約の存在を断り文句として繰り返していた。

さらに、Tポイントを展開するCCC社長の増田宗昭と渡は昵懇《じっこん》の仲であった。その象徴が鹿児島で開かれるTポイントレディスゴルフトーナメント（現Vポイント×ENEOSゴルフトーナメント）だった。CCCが主催するこの大会に、渡は毎年参加していた。

JXとの交渉が難航する中で、笠原が目を付けたのが伊藤忠商事のエネルギー子会社の伊藤忠エネクスである。伊藤忠エネクスは傘下に2200カ所のガソリンスタンドを抱えていた。

14年1月、笠原は伊藤忠エネクス社長だった岡田賢二に加盟を呼び掛けた。岡田は12年に伊藤忠常務から伊藤忠エネクスに転じていた。伊藤忠で金融事業を統括していた岡田は、

ＣＣＣ時代の笠原と共にＴポイントの強力な武器となったファミマＴカードを立ち上げた関係だった。岡田は、楽天ポイントの導入に前向きな姿勢を示した。

実は、伊藤忠エネクスの加盟は笠原にとって、対Ｔポイントの「奇手」といえるものであった。その理由は、伊藤忠エネクスが抱えるガソリンスタンドにあった。２２００カ所のガソリンスタンドのうち、１２００カ所はＥＮＥＯＳブランドで展開していたのだ。つまり、伊藤忠エネクスが加盟すれば、１２００カ所のＥＮＥＯＳのガソリンスタンドでも楽天ポイントが使えるようになる。Ｔポイントの「1業種1社」ルールを崩し、ＪＸ攻略のありの一穴となる可能性を秘めていた。

当然、ＪＸから待ったがかかる。これからのポイントは「相乗り」でいいとの岡田の考えもあり、伊藤忠エネクスも粘り強くＪＸ側と交渉を重ねた。だが、14年4月、ＪＸ常務で営業担当の花谷清は、こんな最後通告を伊藤忠エネクス側に突き付けた。「取引に影響が出ますよ」。ＪＸからガソリンを仕入れられなければ商売はできない。「笠原さんごめんね。だけどできる協力はなんでもするよ」。岡田は笠原にそうわびた。伊藤忠エネクスは15年秋から楽天ポイントの取り扱いを始めたが、ＥＮＥＯＳブランドの１２００カ所は対象外となった。

暗礁に乗り上げた楽天とＪＸの交渉を動かす人物が現れる。それがＪＸ副社長の平山芳樹である。03年、当時課長だった平山は、社長だった渡にTポイント加盟を進言した。まだ構想段階にすぎなかった共通ポイントが実現に向けて動きだしたのは、平山の決断が大きかった。

10年に執行役員リテール販売部長から新日石トレーディング（現ＥＮＥＯＳトレーディング）社長に転じた平山は、13年6月にＪＸに復帰し、副社長に就いた。子会社に転出後、本体に戻る人事は前代未聞だった。超異例の人事に平山本人も驚いたほどだ。この人事に絡んだとみられる渡は平山にこう声を掛けた。「世の中いろいろあるんだよ」。

14年2月、笠原から交渉が止まった状況にあると聞いた平山は部下にげきを飛ばす。すると、すぐに担当部長らが楽天ポイントの導入に向けて再検討を進めることになる。そして、楽天ポイントの取り扱いの開始時期を「15年春」とする方向も固まった。平山の後押しで一気に前進したのである。

平山が楽天ポイント導入を主張したのには根拠があった。実は、ＪＸのガソリンスタンドでは楽天カードで決済した際に、楽天ポイントをためることができた。この仕組みをＪＸが取り入れたのは08年のことだ。当時、笠原はまだＣＣＣに在籍し、Ｔポイントを率いていた。Ｔポイント側からすれば、他のポイントの導入は認められない。難色を示した笠原に、平山はこう言った。「楽天カードはポイントカードではないからいいよね」。笠原は平山の巧妙な弁解に渋々譲らざるを得なかった。

平山の根拠とは、数字である。毎月、Tポイントや楽天カードのデータを見ていた平山が気付いたのが、楽天カードの伸びだった。単なるポイントカードに比べ、クレジットカードとポイントとの親和性は高い。決済時にわざわざポイントカードを提示する必要がないからだ。平山はまだまだ楽天カードは伸びると確信していた。

楽天ポイントの導入に向けた大きな壁は二つあった。一つが、Tポイントの「1業種1社」ルールである。加盟規約では「Tポイント以外のポイントは導入してはならない」と定められていた。それをいかに外すか。もう一つが、増田ががっちりと押さえていた渡や中核子会社JX日鉱日石エネルギー（現ENEOS）社長の杉森務への根回しである。

一つ目については、Tポイント側が規約を外さなければ、Tポイントと更新しない方針を決めた。だが、二つ目は難航した。「もう楽天の時代でしょう」。平山は杉森をそう説得した。だが、杉森は「Tポイントの規約があるから」と耳を貸さない。

何より、JX社内も増田と深い関係を築いていた渡や杉森に忖度《そんたく》し、Tポイントとの関係を維持すべきとの声が大宗を占めていた。まさに平山の孤軍奮闘といった状況だった。

結局、楽天との交渉はほぼ最終段階まで進みながらも、JXはTポイントとの契約を更新してしまう。そして、楽天ポイントの導入はしばらくたなざらしになる。「渡が首を縦に振ることはない」。笠原もそう考え、ほぼ諦めていた。

しかし、時間の経過が物事を動かすことになる。楽天ポイントの導入に強硬に反対していた役員らが退任し、19年末、ＪＸＴＧエネルギー（ＪＸ日鉱日石エネルギーから改称）取締役で後に社長となる齊藤猛が杉森を説得する。平山の援護射撃も加わり、ＪＸは楽天ポイントの導入をついに決める。その頃には、楽天ポイントの勢いがＴポイントを上回っていたことも追い風となった。長い戦いの末に、Ｔポイントの牙城がついに陥落したのだ。

足元は、ＥＮＥＯＳホールディングス（20年にＪＸＴＧホールディングスから社名変更）では長く続いてきたＴポイントが関与する「関与売上高」は月間７５０億円と大きいものの、楽天カードの関与売上高は毎月４００億円規模にまで拡大している。平山がポイントの相乗りを認めるべきだと考えた理由に「良しあしは顧客が決める」という思想があった。ＥＮＥＯＳでじわじわと存在感を増している楽天ポイントは、その表れといえるかもしれない。

ＥＮＥＯＳがＴポイント以外にも門戸を開いたことは、Ｔポイントにとって大打撃となった。Ｔポイント誕生のきっかけを与えた平山は、そのＴポイントに代わり、楽天ポイントを経済圏の新たな盟主に押し上げるという数奇な役回りを演じたのだ。

アルペンの深謀遠慮

19年3月18日、楽天会長兼社長の三木谷浩史と、スポーツ用品大手のアルペン社長の水野敦之はがっちりと握手を交わした。同日の記者会見で、同年4月1日からアルペンの全401店舗で楽天ポイントが使えるようになると発表したのだ。

アルペンによる楽天ポイントの導入は、ポイント経済圏を巡る覇権戦争において極めて大きな意味を持つ出来事である。それは、アルペンがTポイントを脱退し、楽天ポイントと組んだということだ。Tポイントからの「乗り換え」は業界では初めてのこと。その後、Tポイントの1強支配が一気に揺らいでいくことになる。アルペンは「脱・Tポイント」をなぜ決断したのか。

14年に楽天に移籍した笠原は、アルペンにアプローチを続けてきた。だが、アルペン社内では、検討はなされたものの楽天ポイントに切り替えようという結論には至らなかった。笠原は15年には当時社長だった創業者の水野泰三に直談判したが、「楽天ポイントはまだ会員が少ないので今回はごめんなさい」と断られてしまった。まだまだTポイントの天下が続いていたのだ。

だが、転機が訪れる。17年ごろアルペンは会員基盤の刷新を検討していた。当時、アルペンはジャックスと提携カードを発行していたほか、グループ内のゴルフ専門店、ゴルフ5では別の会員の仕組みがあった。つまり、会員データが店舗ブランドなどによって分散していたのだ。しかも、18年秋にはＥＣ（電子商取引）サイトを立ち上げる計画も進んでいた。会員基盤を刷新し、顧客データの一元化を図るには、異なる業態だけでなく、リアル店舗とＥＣも一緒に新たな会員基盤に載せる必要があった。大改革である。

そのプロジェクトを指揮していたのが、当時アルペン常務執行役員（現専務執行役員）だった二十軒翔である。二十軒は異色の経歴を持つ。二十軒は東京大学法学部から外資系戦略コンサルティング大手のベイン・アンド・カンパニーに入社し、コンサルタントとしてキャリアを積んだ。ところが、14年、30歳を目前に新しいことをやってみたいと転職を検討する。すると、あれよあれよという間に、人材仲介会社に紹介されたアルペンに転じることになった。

コンサルから事業会社への転職は今やそこまで珍しくはないが、スポーツ用品を手掛け、しかも縁もゆかりもない名古屋に本社があるアルペンへの転職に周囲は驚きを隠さなかった。ただ、二十軒はコンサルタントがよく選ぶような転職先に移るつもりはなかった。「他の人がやっていることはやりたくない」。そんな性格だったのだ。

話を戻そう。会員基盤を一元化するという大プロジェクトにはボトルネックがあった。

それがクレジットカード会員である。ジャックスとの提携カードは会員数が多く、新たな受け皿が欠かせなかった。そのタイミングで笠原から出てきたある提案に、二十軒が目を留める。

それが楽天の提携カードの発行だった。「これは解決策になる」。そう直感した二十軒は楽天ポイントを議論の俎上に載せた。アルペンは06年から加盟していたTポイントに加え、楽天ポイントも併用する案を模索することになる。実際、アルペンはTポイント側には併用を受け入れるように打診した。だが、Tポイント側は時間をかけて回答を渋り、最終的には併用は認めないとの判断を示した。「1業種1社」ルールを掲げるTポイントにはのめない要求だった。二十軒はTポイントか楽天ポイントのどちらかを選ぶ決断を迫られる。

共通ポイントとして比較すると、まだTポイントが圧倒的にずば抜けていた。だが、二十軒はそこまで魅力を感じていなかった。顧客や購買データの分析はしていたが、具体的な何かにはつながっていなかったのだ。

一方、楽天ポイントにはポテンシャルを感じていた。もちろん、楽天ポイントはまだ楽天市場が主で、今後リアルにどこまで楽天のポイントが流れ込んでくるかを予想するのは難しかった。ただ、消費者の動向を見ていると、リアルとネットはもっと融合が進んでいくと感じていた。当時、リアルの世界を押さえていたのはTポイントだったが、しばらくすると楽天が逆転していくのではないか――。そんな仮説を基に、将来性は楽天に分があるとジャッジした。

二十軒が両者をてんびんにかける上で設けたチェックポイントは三つあった。一つが、最優先事項だった自社の会員基盤の刷新の観点だ。これは楽天カードを活用できる楽天に軍配を上げた。

二つ目は、将来性である。これは先ほど触れたように楽天ポイントの方が、Tポイントより将来性があると判断した。そして、三つ目が、協業の観点だ。楽天会員をアルペン店舗に送客するなど、ECが強い楽天との関係を深めたかった。Tポイントが持っていない強みである。三つのポイントがクリアになり、二十軒の腹は固まった。

もちろん社内には慎重な意見もあった。代表的な声が、「世の中の帰趨が決まってからでいいのではないか」というものだ。未知数だった楽天に、早くベットし過ぎるリスクを懸念したものといえる。二十軒はこう説いた。「より早く動くから、楽天との取り組みも深くできるし、われわれにとって良い条件も得られる」。結局、社内もまとまった。「現場の判断ならそう進めよう」。社長の水野もそうゴーサインを出した。

アルペンが脱退を通知するとTポイント側はうろたえた。まさかアルペンが楽天ポイントを選ぶとは予想していなかったのだ。「やめないでほしい」。Tポイント側はアルペンに繰り返し頼んだ。最後は、Tポイント側が、楽天ポイントとの併用も認めるとアルペンに譲歩したが、二十軒の覚悟は変わらなかった。二十軒が最初に笠原と会ったのは18年3月のこと。それからアルペンが楽天ポイントの導入を決めたのが同年5月である。わずか数カ月の即断即決だった。

19年4月、楽天ポイントの導入と時を同じくしてアルペンは自社会員の仕組みを刷新。23年6月からは自社と楽天の両方のポイントを付与する取り組みも開始した。楽天ポイントの導入から5年。二十軒が予見した楽天ポイントの将来性は現実のものとなった。

先ほど挙げたチェックポイントに関連して、二十軒が着目していたのがポイントの流通額だ。ネットで循環している大量のポイントがリアルに流れ込めば、店舗はポイントをためる場でなく、ポイントを使ってもらえる場になる。実際、アルペンの店舗では、ポイントの付与よりも、ポイントの消費が上回っている。一方、Tポイントは「1業種1社」の縛りに加え、ネットに足場がなく、ポイントを次々と生み出して経済圏を膨らませていくエコシステムを築けなかった。

「アルペンを使ってもっと広げることができますか」。二十軒は笠原との交渉の中で、そう問い掛けたことがある。アルペンの脱・Tポイントというポイント打倒の最大のチャンスを、楽天ポイントは生かせるのか、という意味の質問だった。笠原はこう応じた。「そのためにぜひやりましょう」」。

アルペンのTポイントから楽天ポイントへの「乗り換え」は、共通ポイント業界に激震を引き起こした。これを奇貨として、Tポイント陣営の加盟店にもポイントを併用する「マルチポイント化」の動きが出てくることになる。アルペンの決断が、「1業種1社」ルールを崩し、Tポイントを業界盟主の座から陥落させるトリガーとなったのだ。

ファミマ独占を崩せ

Tポイントと、後発の楽天ポイントとの覇権戦争の天王山となったのが、コンビニエンスストアの争奪戦である。号砲となったのが、コンビニ業界で起きた大型再編である。14年10月にスタートした楽天の共通ポイント事業で、最初期の加盟店として中核的な存在だったのが、コンビニ業界4位のサークルKサンクスだった。

楽天がサークルKサンクスとの加盟店交渉をスタートしたのは、共通ポイント事業への参入を決めた12年のことだ。交渉役を担ったのが、当時はまだ楽天の顧問だった笠原である。笠原は、元会長の橘高隆哉や取締役商品本部長の塚本直吉に導入を呼び掛けた。

その6年前、CCCでTポイントの総責任者だった笠原は橘高らにTポイントへの加盟を頼んでいた。ローソンの電撃離脱で苦境に陥ったTポイントにとって、まさに存続を懸けた交渉だった。

だが、結局、CCCは並行して交渉を進めていたファミリーマートを選び、サークルKサンクスとの交渉は打ち切った。そんな因縁があった笠原の提案に対し、橘高らはこう笑った。「前回Tポイントはファミマを選んだんじゃないの」。

そうは言ったものの、当時のサークルKサンクスにとって笠原の提案は渡りに船であった。ローソンやファミマと異なり、サークルKサンクスはどこの共通ポイントにも属していなかったからだ。楽天にとっても、まだ囲い込まれていないサークルKサンクスは必中案件だった。

そんな両者の思惑を背景に交渉はスムーズに進んだ。そして、13年7月に楽天とサークルKサンクスはポイントの提携で合意する。全国6000店を展開するサークルKサンクスは、最初期の楽天の加盟店では最大の店舗網を誇った。

ところが、わずか半年後の15年3月10日、楽天は激震に見舞われる。コンビニ業界の大再編が勃発したのだ。当時、業界3位だったファミマとサークルKサンクスを傘下に持つユニーグループ・ホールディングスが経営統合に向けて交渉に入ると発表したのである。統合後に店舗ブランドを統一する方針も明らかにしていた。規模で勝るファミマを残し、サークルKサンクスが消えるシナリオが有力だった。

当然、店舗ブランドの統合は、共通ポイントの戦略の在り方をも問うことになる。サークルKサンクスが楽天ポイントを採用していたのに対し、ファミマは長らくTポイントを扱ってきた。

当時は共通ポイントとしての知名度や存在感はTポイントが圧倒的だった。サークルKサンクスが消えれば、同時に楽天ポイントも加盟店を失うリスクがあった。コンビニはポイント経済圏にとっては欠かせない存在だ。実際、楽天ポイントが絡む全加盟店の売上高のうち、サークルKサンクスは4割をも占めていた。共通ポイントに参入したばかりの楽天が、加盟店網からコンビニを失いかねないという最大の危機に直面したのである。

「コンビニがなくなったら大変なことになる」。すでに楽天に移籍し、楽天ポイントの総責任者となっていた笠原にとって、Tポイント時代に見舞われたローソン電撃離脱と同じ悪夢の再来だった。ファミマとサークルKサンクスが統合を予定していたのは、16年9月。残された時間も限られていた。笠原は決死の覚悟で、ファミマへの働き掛けを強めていく。

ただ、統合するコンビニに楽天ポイントだけを採用してもらうのは現実的ではない。それだけ、Tポイントとの知名度にはまだ大きな差があったのだ。楽天にとっての最善策は、Tポイントとの併用を認めるマルチポイント化を受け入れてもらうことだった。そして、楽天ポイントだけが外される最悪のシナリオは避けなければならなかった。

ファミマがユニーとの統合交渉入りを発表して1カ月後の15年4月6日、笠原はファミマ常務取締役総合企画部長の加藤利夫と面会し、マルチポイント化を訴えた。旧セゾングループの傘下だったファミマには1998年に伊藤忠商事が資本参画し、幹部には伊藤忠出身者が少なくないが、加藤は83年にファミマに入社したプロパー組である。

その加藤は笠原にこう伝えた。「ドアは開いていますよ」。ただし、こうも付け加えた。「(マルチポイントを)やると約束したわけではないですから」。笠原と加藤は、Tポイント時代からの長い付き合いである。笠原は、加藤の発言からマルチポイント化は難しいとのニュアンスをかぎ取った。出だしから厳しい戦いになることが予想された。

15年8月25日、楽天とファミマの幹部が一堂に会した会食が持たれた。出席者は、楽天側が笠原に加え、会長兼社長の三木谷、副会長で金融事業トップの穂坂雅之、副社長兼CFO(最高財務責任者)の山田善久、楽天カード取締役常務執行役員の中村晃一という顔触れ。対するファミマは、伊藤忠出身で社長の中山勇と、同じく伊藤忠出身の取締役常務執行役員の玉巻裕章、そして加藤が中心だった。

まさに両社の幹部がそろい踏みしたトップ会談は、笠原の予想を良い意味で裏切った。マルチポイント化について楽天側から水を向けられた中山はこう踏み込んだ。「前向きに考えましょう」。ファミマ側からは、楽天とはポイントだけでなく、幅広い提携を模索していきたいとの要望が上がったほどだった。和やかなムードで終始した会談を終え、笠原はマルチポイント化への手応えを感じた。

だが、その会談以降、具体的な議論は一向に進まなかった。トップである中山が「前向き」と発言したにもかかわらずである。裏には、ファミマ会長の上田準二の意向があった。

上田は伊藤忠でファミマを管掌するＣＶＳ事業部長を務め、２０００年にファミマに転じ、02年にファミマ社長に就任した。看板商品「ファミチキ」の生みの親としても知られる。

ユニーとの統合を主導したのも上田である。上田は、09年にはエーエム・ピーエム・ジャパンを買収するなど業界再編を果敢に仕掛けてきた。サークルＫサンクスにも秋波を送り続け、ついに悲願の経営統合にこぎ着けた。まさにコンビニ大再編の仕掛け人だった。

後に上田が会長を退いた際に、ファミマは「黒幕引き丼」という弁当を発売。弁当のコピーで上田をファミマの「黒幕」と称していたほどだ。それはジョークだったにしても、10年以上もファミマを指揮してきた上田は、まさに最高権力者といってよかった。

その上田と、ＣＣＣ社長兼ＣＥＯ（最高経営責任者）の増田は、強固な信頼関係で結ばれていた。「増田さんの話には夢がある」。Ｔポイントの加盟店の集まりで、上田はそう増田を手放しで持ち上げたこともある。ファミマ社内で上田と増田の蜜月を知らぬ者はいない。マルチポイント化の議論はいつの間にか、ファミマ社内ですっかりしぼんでしまったのだ。

笠原は、上田を説得するため、アポイントメントを繰り返し申し込んでいた。だが、上田はなかなか楽天側に会う機会を設けようとしなかった。いったん入ったアポが、体調不良を理由に取り消しになったこともあった。

笠原がさまざまなルートを駆使してようやく上田にアポが入った。16年1月20日、三木谷が単独で上田の元を訪れ、マルチポイント化を検討するように頼み込んだ。だが、三木谷の頼みをよそに、上田はマルチポイント化の問題点を挙げていった。

一つが、レジなどでのオペレーションの二重化。そして、もう一つがＰＯＳ（販売時点情報管理）システムの改修費用に１００億円かかるということだった。ただ、オペレーションの二重化といっても実態はＴポイントか楽天ポイントのどちらかのカードを提示してもらうだけだ。さらに、ＰＯＳの改修費用が１００億円かかるというのもやや大げさだった。新システムの構築でもそこまでかさむことはない。マルチポイント化に乗り気でない上田の心情を反映した発言だったといえる。

上田は、さらにこう付け加えた。「（マルチポイント化は）増田さんがネガティブ」。盟友は首を縦に振ることはないと、代弁したのだ。上田との面会後、三木谷は笠原にこんな感触を伝えた。「(可能性は) 3割ぐらいですね」。楽天にとって乾坤一擲《けんこんいってき》のトップ交渉だったが、上田への説得は空振りに終わったのだ。

楽天と伊藤忠のトップ会談

楽天は追い込まれていた。難局を打開するために笠原が決意したのが、ある人物への直接交渉である。その人物とは、伊藤忠社長だった岡藤正広である。10年に社長に就任した岡藤は、万年業界4位とやゆされてきた伊藤忠を強力なリーダーシップで急成長させた。伊藤忠は16年3月期には三菱商事や三井物産といった財閥系商社を押しのけ、商社業界で初の首位に立った。実業界では屈指の辣腕経営者である。

16年4月1日、三木谷と笠原は、東京・青山にある伊藤忠本社を訪れ、21階の社長室で岡藤と面会した。三木谷と岡藤は初顔合わせだった。

白い瀟洒なソファに腰かけた岡藤はこう切り出した。「話は聞いています。Tポイントと排他契約があるから（マルチポイント化は）難しいんですよね」。排他契約とは、Tポイントが加盟店との間で結んでいた「Tポイント以外のポイントを導入してはならない」というものだ。岡藤には、楽天ポイントの導入はTポイントとの契約上難しいとの報告が上がっていたのだ。

「そんなことはありませんよ」。笠原は、Tポイントのほかの加盟店でポイント併用の検討が進んでいることを引き合いに、マルチポイント化は可能だと説明した。笠原の話に耳を傾けていた岡藤は、こうつぶやいた。「お客さんのためには、（Tポイントと楽天ポイントの）両方が入っていた方がいいね」。

笠原は畳み掛けるように、楽天ポイントのシステム利用料の方が実態としては廉価であることも伝えた。Tポイントは、加盟店が購買データを閲覧する際にも手数料を課していた。一部の加盟店からは不満も上がっていた仕組みだった。「楽天はその手数料も徴収しませんし、それも込みでTポイントより合理的ですよ」。笠原はここぞとばかりに売り込みをかけた。岡藤の反応は上々だった。

岡藤の言質を引き出したのは、楽天にとっては値千金だった。翌日にはファミマ社内で、三木谷らの岡藤詣での話がすでに出回っていた。「厄介なことをしてくれましたね」。4月27日、笠原と面会した玉巻はそう苦笑いした。伊藤忠の繊維部門出身の玉巻は、岡藤の部下だったこともある。

その岡藤から玉巻にこんな直命が下ったのだ。「楽天の言い分にも一理あるんじゃないか。マルチ（ポイント化）で検討を進めるように」。グループトップに君臨する岡藤の一言は絶対だ。ファミマは、Tポイント側にマルチポイント化を打診することになる。楽天に大逆転の芽が見えてきた。

だが、Tポイント側も巻き返しを図る。「システム利用料の値下げ」。CCC傘下でTポイントの運営会社であるTポイント・ジャパン社長の北村和彦は、ファミマの加藤にそんな驚きの案を提示する。契約期間中の値下げは異例のことだ。「ファミマは落とせない」。そんなTポイント側の強い意志がにじんでいた。

NEC時代の笠原の後輩だった北村は、笠原の縁でCCCに参画した。笠原がCCCを去った後には、北村が総責任者としてTポイントを指揮してきた。ファミマを巡り、笠原と北村が全面対決する構図となった。

そのTポイント側は16年5月、ファミマに対してマルチポイント化は難しいとの結論を伝えた。理由には、顧客や購買のデータの一元化の問題やPOSシステムの改修コストが挙げられた。システム利用料の値下げ提案などをきっかけに北村と加藤の結び付きも強まっていた。楽天側の攻勢は、かえってTポイントとファミマのつながりを強固にする作用として働いてしまっていたのだ。

楽天ポイントについては、ファミマと統合するサークルKサンクス側も継続を申し入れていた。理由は、ポイントの還元率にあった。ここでいう還元率とは、加盟店が1ポイントを発行した際に、何ポイントが戻ってくるかというものだ。つまり、数字が高いほど、加盟店にとっては、ポイントの利用が多いというメリットが得られる。この時点で、ファミマのTポイントの還元率が115%だったのに対して、サークルKサンクスの楽天ポイントは350%にも上っていた。数字では、圧倒的に楽天に軍配が上がっていたのだ。

「これだけ効果のあるポイントを本当に捨てていいのだろうか」。ファミマとの統合交渉の議論の中で、サークルKサンクスの取締役商品本部長の塚本もそう訴えていた。

だが、ファミマ会長の上田とCCCの増田の関係が揺らぐことはなかった。加えて、圧倒的に浸透していた「ファミマ＝Tポイント」のイメージを守りたいとの判断もファミマ社内で強く働いた。

最終的には、笠原らの努力は実らなかった。ファミマ社内で、Tポイントへの一本化で議論が集約された。そして、ファミマは17年9月6日、店舗ブランドの統一後に楽天ポイントの扱いを停止すると楽天側に通告した。楽天は加盟店網からコンビニを失うことになったのだ。最悪の結末である。「力及ばず、申し訳ない」。塚本は笠原にそう頭を下げた。

ファミマを巡る攻防では、Tポイントが楽天を退け、いったんは牙城を死守した形となった。しかし、その後、ポイント経済圏の覇権を巡って不可逆的ともいえる地殻変動が進んでいくことになる。

一つは、ファミマの権力者の交代である。17年3月1日、統合会社のユニー・ファミリーマートホールディングスの社長に、伊藤忠副社長で食料部門を統括する高柳浩二が就任した。社長だった上田は取締役相談役に退いた。

このトップ人事は楽天にとっては追い風ともいえた。増田と関係の深い上田が一線を退いたことに加え、新社長になった高柳は複数のポイントを併用するマルチポイント化のよき理解者だったからだ。特に、高柳は顧客や購買データの活用の面で、Tポイントに歯がゆさを感じていたとみられる。

実際、「週刊ダイヤモンド」17年12月23日号のインタビューの中で、ユニー・ファミリーマート社長だった高柳は「客層データの利用は、CCC傘下のカード運営会社が主導しており、われわれが独自に利用するのは難しい」と指摘している。ただし、Tポイントの排除は考えていないとし、購買データなどの活用法を模索していると打ち明けている。

「これで挽回できる」。笠原には願ってもないチャンスだった。ただし、その後のトップ人事に再び肩透かしを食う。19年に高柳の後任に、16年3月からファミマに転じていた澤田貴司が就いたのだ。

伊藤忠出身の澤田はファーストリテイリングなどを経て、05年に元ファストリ社長の玉塚元一とコンサルティング会社のリヴァンプを立ち上げた。実は、そのリヴァンプの大株主にはCCCが名を連ねている。「これでマルチは進まなくなるな」。笠原は苦笑いするしかなかった。ただし、上田の退任によって、ファミマ社内の権力構造が大きく変わったのは事実だろう。

もう一つが、共通ポイントの主役の交代である。加盟店網からコンビニを失った後も楽天ポイントの勢いは衰えなかった。ネットで流通する膨大なポイントを武器に、アルペンやすかいらーくなどTポイントの有力な加盟店を取り込むことに成功し、存在感を高めていた。一方、楽天と同じく後発組のNTTドコモが展開するdポイントも、その豊富な資金を武器に次々と加盟店網を広げていた。両者の攻勢の前に、Tポイントは劣勢に立たされていた。

決め手となったのが、19年7月のファミマ独自のスマホアプリ「ファミペイ」のローンチである。スマホでバーコード決済などができる機能を持つファミペイに関しては、その1年ほど前の構想段階から共通ポイントについても議論が進められていた。決済だけでなく、ポイントは顧客の利便性に欠かせないからだ。

Tポイントに加え、楽天ポイントとdポイントを併用する案が俎上《そじょう》に載せられた。すでに楽天とドコモの勢いがTポイントを上回ってきており、ファミマにとっても両社と組むのは自然の流れだった。結局、ファミペイの導入こそが、ファミマがマルチポイント化にかじを切っていくきっかけとなる。

19年11月、ファミマで楽天ポイントとdポイントの取り扱いがスタートする。ファミマがTポイントに加盟したのは07年11月のこと。つまり、ちょうど12年もの歳月を経て、ついにTポイントによるファミマの独占支配に風穴が開いたのだ。

孫正義のファミマ買収計画

ファミマがマルチポイント化に踏み切る前に、思いもよらぬ人物がポイント経済圏の覇権奪取を目指して乱入したこともあった。その人物とは、ソフトバンクグループ会長兼社長の孫正義である。17年12月、孫はお忍びで伊藤忠社長の岡藤の元を訪れた。目的は、ユニー・ファミマに対する伊藤忠とソフトバンクグループによる共同買収の提案である。

だが、岡藤は孫の提案に首を縦に振らなかった。逆に、伊藤忠はその4カ月後にユニー・ファミマの子会社化を決める。岡藤はその決断について、会長に就任した直後の18年5月に開いた決算会見でこう説明している。「きっかけは去年、ある人から『一緒にファミリーマートを子会社化しないか』という提案があったことだ」。岡藤は名前こそ明かさなかったものの、「ある人」とは孫のことだ。岡藤は、「(伊藤忠にとって)非常に重要な資産」

であるファミマが買収の標的になることに警戒感を強めた。そして、それが子会社化を後押ししたのだ。

なぜ孫は突然、ファミマに触手を伸ばしたのか。そもそも、ソフトバンク傘下のヤフー（現ＬＩＮＥヤフー）は12年にＴポイントを運営するＣＣＣと資本・業務提携を結んでいる。両陣営が手を結んだ背景には、Ｔポイントを柱にリアルとネットで経済圏を築き上げていく狙いがあった。「最強タッグ」とも評された両陣営の提携だが、実のところ、この提携は成果を上げているとは言い難かった。

ヤフーは電子マネーなども活用してＴポイント経済圏を一挙に拡大していく考えを持っていたようだ。だが、ＣＣＣ側はヤフーやソフトバンクの提案にはそこまで乗り気ではなかった。孫の動きは、腰の重いＣＣＣにハッパを掛け、ファミマを拠点に市場奪取を目指したものだったといえるだろう。

しばらくして、ソフトバンクとヤフーはＣＣＣとたもとを分かつことを決断する。22年には、保有していたＴポイントの運営会社の株式をＣＣＣに全株売却し、ＣＣＣとの提携を完全に解消した。そして、ソフトバンクとヤフーは自前で電子マネー、ＰａｙＰａｙ（ペイペイ）を立ち上げる。巨額の資金を基に独自の経済圏を築き上げる道を選んだのだ。

ソフトバンクの後ろ盾を失ったＴポイントは提携解消をきっかけに凋落《ちょうらく》の一途をたどる

ことになる。共通ポイントの各陣営のファミマを巡る激しい攻防は、まさに新旧の主役が交代する天下分け目の戦いとなったのである。

第七章

楽天経済圏の躍進

スーパー攻略の秘策

Tポイントと楽天ポイントの局地戦は続いていた。中でも象徴的なものが、楽天のポイント事業を指揮する笠原和彦とカルチュア・コンビニエンス・クラブ（CCC）時代の笠原の部下との3番勝負である。初戦は富山県のスーパーが舞台となった。

2017年1月17日、楽天ポイントの総責任者である笠原は富山市を訪れた。目的は、富山県や石川県を地盤とするスーパー、大阪屋ショップの訪問である。同社には15年ごろから笠原の部下が足を運んでいたが、Tポイント陣営の営業攻勢の前に苦戦していた。笠原は部下からの応援要請で、直接交渉に臨むことになったのだ。

大阪屋ショップの名前は、創業者の平邑文男がでっち奉公していた大阪が由来だ。「大阪商人」の商売気質に感銘を受けた平邑が、1973年に創業する際に、屋号に大阪という文字を取り入れたのだ。当時は富山県や石川県に約40店舗を展開し、売上高は700億円ほどだった。

笠原の部下が通っていた当初は、大阪屋ショップは共通ポイントにはほとんど関心がなかった。だが、方針を転換する。きっかけは、同じく富山県を地盤とするスーパー、アルビスの動きである。16年11月、三菱商事がアルビスと資本・業務提携の協議を開始すると発表したのだ。合意事項には、三菱商事グループのＰｏｎｔａ（ポンタ）の活用が盛り込まれていた。三菱商事は17年以降、アルビスに段階的に出資し、今も筆頭株主の地位にある。

ライバルがＰｏｎｔａ陣営に加入することを知った大阪屋ショップが、共通ポイント導入の検討を始めたのだ。候補がＴポイントと楽天ポイントだった。

笠原が面会したのは、当時専務だった尾﨑弘明である。尾﨑は後に創業家出身の平邑秀樹から社長のバトンを受け継ぐ。その尾﨑は、笠原にこう漏らした。「お年寄りがカードを使えるかどうか心配だ」。地方スーパーの多分に漏れず、主要な顧客層は高齢者だ。尾﨑の不安ももっともだった。一方で、尾﨑は共通ポイントを使った販促策は今後の成長に不可欠であるとも感じていた。

尾﨑は楽天ポイントを取り入れる条件といえる要望を笠原にぶつけた。代表例が、ＰＯＳ（販売時点情報管理）システムの改修費の一部を楽天（現楽天グループ）の負担にできないかというものだった。電子マネー、楽天Ｅｄｙを搭載したポイントカードを多く発行したいというものもあった。プラスチックカードに比べて、Ｅｄｙ付きカードの発行にはよりコストがかかる。尾﨑はその費用も楽天持ちにしてほしいと求めた。

笠原は面食らった。尾﨑の要求を全てのめば、楽天側の採算は合わない。ただし、尾﨑は極めて研究熱心だった。「ポイントはこんな販売促進策に使えるんじゃないですか」。笠原との面会後も、楽天側の担当者に幾つも販促策を提案した。次第に笠原も尾﨑の熱にほだされていく。「楽天ポイントを使い倒してもらえれば、いろいろなノウハウが生まれるかもしれない」。何としてでも口説き落とすべき相手だと考えを改める。

一方、楽天と同じくTポイント側も攻勢をかけていた。担当していたのは、CCC傘下のTポイント運営会社の営業部長だった滝口彰である。滝口はCCCでは笠原の部下だった。笠原が88年にTポイント運営会社の前身となるアダムスという顧客データ管理サービスの子会社を立ち上げた際に、滝口は4番目に入社した社員だった。笠原をはじめ、2番目と3番目だった社員は楽天に移籍し、唯一滝口だけがCCCに残っていた。

その滝口は粘り強く営業をかけていた。楽天の担当者が大阪屋ショップの本社で滝口とばったり出くわしたことが何度もあった。当時、ポイントの知名度は圧倒的にTポイントが上である。だが、楽天にとって北陸地方の橋頭堡を落とすわけにはいかなかった。

笠原は劣勢をはね返すべく意外な提案をする。それが視察だ。視察先は、楽天ポイントを最初に導入したスーパーで和歌山県を地盤とする松源である。

17年7月20日、大阪屋ショップの担当者が松源の本社がある和歌山市を訪れた。松源と大阪屋ショップは、全国の食品スーパーで構成する共同仕入れ機構のシジシージャパン

（ＣＧＣ）に加盟するなど関係も近しい。視察の対応をしたのが、当時松源の専務で現社長の桑原太郎である。桑原は視察に訪れた担当者にこう言った。「楽天はネット企業だけど、泥くさいこともできるし、いろいろな施策を手伝ってくれる」。同業者の発言は重みがある。それが尾崎を動かした。

「売上高１０００億円を達成するために力を貸してほしい」。17年8月20日、日曜日にもかかわらず再び本社を訪れた笠原に、尾崎はそう語り、楽天を選ぶことを伝えた。同月28日、大阪屋ショップは役員会で正式に楽天ポイントの導入を決める。しかも、自社のポイントカードの廃止もセットである。まさに全面導入である。

尾崎は笠原に以前からこう伝えていた。「春に新店がオープンする。それまでに全て切り替えたい」。同年9月に契約を交わしたが、残された時間はわずか半年。40店舗のＰＯＳに楽天ポイントのシステムを搭載し、その上、顧客にポイントカードを切り替えてもらう必要があった。本来は間に合わない。尾崎は笠原にこう畳み掛けた。「楽天も人を出してくれるよね」。尾崎の手慣れた条件の引き出し方に、笠原は苦笑いした。

１週間で3〜4店舗ずつ切り替えていく計画が立てられた。Ｅｄｙのチャージ機も全店に導入することになった。笠原は、部下30人ほどを北陸に送り込み、大阪屋ショップの店員と共に店頭でのカード発行に当たらせた。楽天社員の中には、店頭での顧客対応に不満を漏らす者もいたが、次第に皆必死に取り組むことになる。

理由は、高い目標値にあった。尾崎は、楽天ポイントの導入後、全売上高のうちポイントが絡む売上高を表す関与率の目標を84％に定めた。極めて野心的な数字である。なぜこだわったのか。

実は、廃止する予定の自社ポイントカードの関与率が84％だった。要するに、新しいポイントカードに切り替えても、関与率を維持することが目標に掲げられていたのだ。笠原にはやや荒唐無稽な目標に映った。通常、ポイントカードの切り替えでは関与率はかなり落ちるのが当たり前だからだ。

18年6月下旬、大阪屋ショップの全店で楽天ポイントの取り扱いがスタートする。初月の関与率を見た笠原は絶句する。数字は尾崎が掲げた目標を上回る85％に達していた。これは記録的だった。その後も楽天は加盟店を増やしてきたが、初月にこの数字を上回った例は後にも先にもない。関与率は今では、93％に達する。ほとんどの顧客がポイントを利用しているのだ。

加えて、驚くべき数字がある。それが客のキャッシュレス比率である。同社では比率は70％に達し、うち、Ｅｄｙによる決済が45％に上っている。足元の日本全体のキャッシュレス決済比率である約40％を大きく上回る。高齢者が中心顧客の地方スーパーではあり得ない数字である。

キャッシュレスの浸透は、大きな恩恵をもたらした。ある店舗では10レーンあったレジが8レーンに減り、レジ周りの従業員が減った。現金の扱いが減り、釣り銭の確保や現金を運ぶ警備員に関わる費用も大きく低下した。コスト面だけではない。レジの減少で生まれたスペースにも売り場を広げ、売り上げの増加にもつながったのだ。

プリペイド式のＥｄｙは、顧客の囲い込みにもつながった。Ｅｄｙは大阪屋ショップ以外の店でももちろん使えるが、店頭でチャージした客は、その店での支払いに利用することが多いのだ。ライバルのアルビスは、大阪屋ショップよりも半年早い17年10月にＰｏｎｔａの扱いをスタートした。当初は、効果があったＰｏｎｔａだったが、大阪屋ショップが楽天ポイントの扱いをスタートすると、存在感は一気にかすむことになる。

大阪屋ショップは24年秋、岐阜県への進出を予定するなど出店エリアを広げている。出店を検討する際に参考にするのが、楽天会員のポイント残高などのデータである。楽天ポイントが持つ強みを惜しみなく活用し、23年6月期の売上高は９００億円近くに達した。尾﨑が目標に掲げる１０００億円も射程内に入っている。

楽天にとっても果実は大きかった。その後のスーパーの加盟交渉の「切り札」が得られたからだ。楽天は交渉が進んだスーパーに、大阪屋ショップの視察を勧めている。その効果はずば抜けている。大阪屋ショップを視察に訪れたスーパーで、楽天ポイントに加盟しなかったスーパーは存在しない。楽天は、大阪屋ショップを触媒として全国のスーパーへの攻略を加速させていくことになる。

ポイントとカードの二刀流

3番勝負の2戦目は、ホームセンターのコーナンを展開するコーナン商事で繰り広げられた。16年7月27日、笠原は大阪府堺市にあるコーナン商事を訪れた。社長の疋田直太郎と面会した笠原は、楽天ポイントへの加盟を呼び掛けた。

コーナン商事の発足の経緯はユニークだ。67年、疋田の父の耕造は港南石油商会を創業した。同社の主業は石油販売業で、大阪・堺でガソリンスタンド数店舗を展開していた。店舗網が100店ほどに広がった頃のこと。耕造は多角化を目指し、ホームセンター事業に参入を決める。理由は耕造の趣味が盆栽だったためだ。耕造は78年にコーナン商事を設立し、1号店を堺にオープンした。後に、ホームセンター事業の急成長に伴い、祖業である石油販売業を主要取引先の伊藤忠エネクスに売却することになる。

笠原に疋田を紹介したのは、その伊藤忠エネクスの社長だった岡田賢二である。12年に伊藤忠商事から伊藤忠エネクスに転じた岡田は、早くから楽天ポイントの可能性を見いだし、15年秋から一部のガソリンスタンドで楽天ポイントの取り扱いを始めていた。

笠原の話を聞いた疋田は、販売促進部長の山本健太朗を窓口に交渉を進めることを決める。16年9月15日、楽天とコーナン商事の間でNDA（秘密保持契約）が結ばれた。

最初に両社でシステムに関する協議が持たれた。だが、笠原はTポイント陣営もコーナン商事と交渉を進めていることに感づく。そもそも、コーナン商事にTポイント陣営として最初に営業をかけたのはCCC在籍時の笠原である。笠原は前職のNECの営業マン時代に港南（港南石油商会から名称変更）にコンピューターシステムを売り込んでいた経緯もあり、Tポイントの営業先としてコーナン商事に足を運んでいたのだ。笠原が去った後も、CCCはコーナン商事を口説いていたのだ。

コーナン商事をCCCで担当していたのは、滝口であった。大阪屋ショップに続き、かつての上司と部下だった笠原と滝口が再びコーナンを巡る争奪戦で相まみえたのだ。

16年12月7日、笠原は山本の上司で常務の加藤高明と面会する。住友銀行（現三井住友銀行）出身で、14年にコーナン商事に転じた加藤は、三井住友銀行渋谷支店の法人営業部長を務めていた。実は、同行の渋谷支店はCCCの担当支店である。CCCが会長兼社長の増田宗昭の主導で進めた代官山プロジェクトへの融資を決定したのが、加藤だった。笠原はその縁に一抹の不安を感じたが、結局、加藤はその点を斟酌することはなかった。

笠原の説明の中で、加藤が最も関心を示したのが、楽天の経済圏の力である。具体的には、ポイントの発行額と楽天カードの伸びである。当時、楽天ポイントの年間発行額は2800億円に達していた。これはTポイントの1000億円を大きく上回る。

楽天カードも急成長を遂げていた。当時の取扱高は約5兆円で、国内トップ3の規模となっていた。楽天カードの成長率は、クレジットカード業界では桁違いで、取扱高は現在22兆円に達する。また、会員規模も当時1200万人だったが、現在では3000万人を超えた。コーナン商事にとって巨大な会員基盤は魅力だった。

もう一つが、ネットとリアルの相乗効果が期待できる点だ。当時、コーナン商事はEC（電子商取引）に参入していなかった。笠原が説いたのが、ネットとリアルを結ぶことの重要性である。ネットの購買履歴は、リアルの販促にも生かせる。笠原は、コーナンの楽天市場への出店も提案した。

加藤は、現場を担当する執行役員と各部長ら20人ほどを招集し、楽天側との議論をする場を設ける。「このデータはどう活用するのか」。部長らは、出席した笠原らに積極的に問い掛けた。現場を管掌する幹部を集めた会議は何度も開かれ、活発に議論が交わされた。楽天ポイントに対する理解度は高まっていった。

17年半ばには、ＥＣの拡大も議論となった。コーナンは職人向けの「コーナンプロ」を伸ばしたいと考えていた。笠原は、楽天市場で職人らの購買が極めて大きいことを紹介した。理由は、ポイントが付与されるためだ。高額の道具を経費で購入した際にもポイントをためられる点が、職人の購買を後押ししていた。そうした楽天市場のデータを分析し、17年10月にはコーナンプロをＥＣで展開する方針も決まった。

「楽天がいいと思います」。同年12月、山本は疋田にそう進言する。ただし、すぐには契約締結とはならなかった。そこには、疋田と増田の関係もあった。子息が同志社香里高校に在籍する疋田は、同校のＰＴＡ副会長を務めていた。実は、ＰＴＡ会長を務めていたのが増田だったのだ。

疋田は増田の口添えで、ＣＣＣが主催するＴポイントトレディスゴルフトーナメント（現Ｖポイント×ＥＮＥＯＳゴルフトーナメント）にも毎年参加していた。Ｔポイントに加盟していないにもかかわらず、個人的な関係で出場していたのだ。疋田は増田に遠慮があったのかもしれない。

クローズしかけたように見えた交渉は結局、越年する。だが、時間がたてばたつほど楽天の経済圏の勢いは加速していった。交渉開始時には5兆円だった楽天カードの取扱高は、1年半ほどで7・5兆円にまで拡大していた。「楽天でやってみよう」。3月に入りコーナ

ホームセンター大手のコーナンは楽天ポイントの加盟店の中でも珍しいカードのデザインを採用した

ン商事側もそう決断する。ここまで楽天と交渉を進めてきた加藤や山本にとって、他のホームセンターと楽天が組むのは避けたいと思うようになっていた。

その象徴が、コーナン商事が出した最後の条件である。それは、5年間はコーナンの競合のホームセンターとは契約しないという排他条項だった。オープンな連合を目指してきた楽天には悩ましいものだったが、笠原はこれから他のホームセンター大手と交渉を始めるより、コーナンに集中して伸ばしていく方が時間的にも得策だと判断した。18年3月下旬、コーナン商事と楽天は契約を結ぶ。

19年3月8日、コーナンで楽天ポイントの取り扱いがスタートする。疋田が発案したのが、楽天市場のキャラクター「お買いものパンダ」を入れたカード券面だった。全国のパートナー企業の中でも珍しいデザインの券面は、女性客の増加にもつながった。

Ｔポイントについては、笠原は交渉中にこんな提案をしていた。「Ｔポイントレディスに行けなくなったら、そのうち楽天でもツアーをやりますよ。しばらくお待ちください」。疋田は冗談だと受け止めていた。だが、後日、笠原は楽天スーパーレディースの開催にこぎ着ける。リップサービスだと思っていた疋田はあぜんとして、大笑いする。

同年５月、笠原は疋田と山本の元を訪れる。スタートから２カ月の状況を報告するためだ。利用者数と売り上げ共に数字は堅調な伸びを示していた。「楽天にしてよかった」。笠原からの説明を聞いた疋田と山本はそう言って顔を見合わせた。二人の喜ぶ姿は、ＮＥＣ時代から30年以上も思いを寄せていたコーナンを得た笠原にとって、大きな褒賞だった。

笠原に２連敗を喫したＴポイント陣営の滝口は歯ぎしりをした。滝口は粘り強く交渉をしたものの、Ｔポイントは高い知名度を除いて、楽天を上回るアドバンテージを示すことができなかった。経済圏が持つ総合力が勝負を分けたのだ。

沖縄でのリベンジマッチ

15年5月18日、笠原が足を運んだのが、沖縄県でスーパー、タウンプラザかねひでを展開する金秀商事を傘下に持つ金秀本社（現金秀ホールディングス）である。鉄工所を祖業とする金秀本社は、小売業や観光業なども手掛ける沖縄県を代表するコングロマリットである。

笠原とその金秀商事との縁はまだCCCでTポイントの事業責任者だった09年にさかのぼる。当時、金秀本社は運営していた高級ホテル「喜瀬別邸ホテル＆スパ」を、ザ・リッツ・カールトン沖縄にリブランドしようとしていた。笠原は隣接するゴルフコース、かねひで喜瀬カントリークラブの試打会に招かれたのだ。笠原はそれをきっかけにTポイントへの参画を呼び掛けたが、結局導入には至らなかった。

今度は楽天ポイントの責任者の立場として笠原が面会したのが、金秀本社の経営企画部長だった奥平太一である。笠原の説明に奥平は熱心に耳を傾けていた。しかし、やりとりの中で笠原は違和感を覚える。奥平が共通ポイントについてやたら詳しいのだ。何度も営業に訪れたが、最初から担当者の理解が深いケースはほとんどない。

翌月に再び笠原は奥平の元を訪れ、こう説明した。「沖縄県内の楽天会員50万人をお店に送客できますよ」。数字に驚いた奥平は、笠原に申し訳なさそうにこう打ち明ける。「実は、Tポイントの導入を検討しているんですよ」。奥平はTポイント側からすでに熱心なアプローチを受けていたのだ。詳しいのも当然である。

金秀商事に最初にTポイントで営業をかけたのは当の笠原である。それを引き継いで営業をかけていたのがCCCの滝口だった。直接対決の第3戦の舞台は金秀商事となった。

今回も先んじてアプローチしていたTポイントが有利だった。奥平もすでに知名度の高いTポイントに傾いていた。笠原はこう奥平を説得した。「Tポイントだけでなく、楽天ポイントと両方を導入したらどうでしょうか」。ポイントの併用の提案である。自社のポイントカードの切り替えを検討していた金秀商事は、Tポイントの導入に当たり、新規にカードを発行しなければならない。笠原は、どうせ一からやるのであれば、楽天ポイントも一緒に導入したらどうかと持ち掛けたのだ。

笠原の説明に奥平は乗り気になる。しかし、1週間もすると、笠原にこう伝える。「二つの共通ポイントを運用すると会員IDがバラバラで分析ができない」。Tポイント側の入れ知恵の跡があった。笠原はこう伝えた。「IDを統合できるシステムをこちらでつくりますよ」。魅力的な提案に奥平は前向きになるが、またしばらくすると翻意する。笠原と滝口の激しい綱引きだった。

笠原は創業家出身で金秀商事会長の呉屋守將の息子で課長の立場にあった秀將と面談する機会をもらう。笠原はこう持論を語った。「Tポイントの『1業種1社』ルールはどんどん崩れていきますよ」。そもそも「1業種1社」ルールを作ったのは笠原だ。だが、楽天でポイントを展開するうちに、そのルールは時代遅れだと実感していた。限られた店ではなく、どこでも使えることが、共通ポイントの持つ新しい価値になっていくことが予想された。秀將はうなずいていた。

だが、笠原の懸命の営業は実らなかった。16年に入り、金秀商事は楽天側にこう通告する。「Tポイントに決めました」。滝口がついに笠原を破ったのだ。笠原は元部下の活躍に、悔しさ半分、うれしさ半分といった複雑な心境だった。16年4月1日、タウンプラザかねひでなど沖縄県内の60店舗で、Tポイントの取り扱いがスタートした。

Tポイントがスタートしてしばらくたった18年11月14日、笠原は金秀商事を訪問し、取締役に昇格していた秀將と面会する。笠原に対して秀將はこう漏らした。「Tポイントはデータの提供を求めても対応が遅い」。不満が募っていたのだ。笠原が聞くと、Tポイント側の担当者はすでに滝口から別の人物に代わっていた。

すでに楽天ポイントが破竹の勢いで経済圏を拡大していた。Tポイントに対する不満に加え、楽天ポイントの存在感が高まってきていたことが、金秀商事にポイント戦略を再考させるきっかけとなる。

ここでも力を発揮したのが電子マネーのＥｄｙである。Ｅｄｙは、現金の扱いを減らせるオペレーション上のメリットに加え、顧客のチャージによってまとまったキャッシュが先に得られる利点もあった。Ｅｄｙを導入した他のスーパーでは、先に確保したキャッシュを店舗改装などの投資に充てていた。

ただ、デメリットもあった。それがポイントカードとＥｄｙは別々のカードで運用されていたことだ。会計の際に、ポイントカードを読み込ませた後に、Ｅｄｙで支払うという二度手間が発生することになる。笠原は、それを一度で処理できるような仕組みも提案した。

そもそもＥｄｙは沖縄県内では広く浸透していた。元々はソニー系のビットワレットが立ち上げたＥｄｙは、全日本空輸（ＡＮＡ）と提携していた。Ｅｄｙが楽天の傘下に入るまで、ＡＮＡはＥｄｙの支払いでマイレージがたまるサービスに力を入れており、沖縄県内で利用が多かったのだ。

この楽天の「秘密兵器」に金秀商事側は飛び付いた。19年2月12日、笠原は金秀商事社長の知念三也と、取締役で財務を担当する島袋毅に会い、提案内容を説明した。知念らは前向きだったが、一点だけ懸念を示した。それが、カードの切り替え作業である。16年の

Tポイント導入時には、30万人の自社カード会員をTポイントに全て切り替えた。再びスタッフ総出で顧客に変更を呼び掛ける大プロジェクトを進める必要があった。「またあれをやるのか……」。そう漏らす知念らに笠原はかぶせるようにこう言った。「またあれをやりましょう」。そして、楽天が40～50人の社員を応援として現場に送り込むとも約束した。笠原の一言に知念らの腹は固まった。「楽天でいこうと思う」。19年3月7日、金秀商事側はこう楽天に伝える。Tポイントの契約期間満了のタイミングで脱退し、楽天ポイントと組むことを決めたのだ。両社は同年7月に正式に契約を結んだ。

笠原は言葉通り、楽天の社員を沖縄に送り込んだ。以前、応援には腰が重かった社員も今度は皆張り切っていた。笠原が、派遣スタッフではなく社員を現場に送り込む理由は、顧客のフィードバックを基にノウハウが蓄積できるからだ。オペレーションはどんどん改善し、店頭での切り替えはスムーズに進んだ。そして、21年4月、楽天ポイントの取り扱いがスタートする。同時にTポイントは終了した。

金秀商事はアルペンに続き、Tポイントから楽天ポイントへの切り替えに踏み切った企業となった。この後、Tポイントから脱退する加盟店が相次ぐことになる。3番勝負の最終戦では、いったんはTポイントに軍配が上がったものの、楽天が地力を見せつけリベンジを果たす。楽天とTポイントの力関係は完全に逆転したのだ。

ZOZOTOWNへの挑戦

長くポイント経済圏の射程が及んでいなかったのがアパレル業界である。だが、楽天ポイントを担う笠原は、まだ楽天ポイントがスタートして間もない15年ごろからアパレル業界の開拓を狙っていた。アパレル大手のワールドで自身が手掛けた自社ポイントの手応えを感じていたからだ。

最初に口説いた先がセレクトショップ最大手のユナイテッドアローズ（UA）だ。UAはビームスに勤めていた重松理らが独立し、89年に設立された。創業の際には、ワールドの創業者である畑崎広敏の理解を得て、ワールドから出資も受けている。SPA（製造小売り）化もうまく進め、急成長を遂げたセレクトショップの雄である。

16年に笠原は、そのUA専務の藤沢光徳と意気投合する。藤沢も、服を売ったら終わり、というアパレル業界のそれまでの発想に疑問を持っていた。例えば、顧客がいつ頃にどんな色の服を購入したかが分かれば、それに合わせた着回しなどを提案し、ほかのアイテムも買ってもらえる可能性がある。つまり、ポイントを媒介に集めた顧客の購買動向をもっと分析すべきだと考えていたのだ。

ただし、UA社内では反対の声が大きかった。最右翼が社長だった竹田光広である。「自社のことは自社でやるべきだ」。実際、すでに自社ポイントもあった。

だが、藤沢は諦めなかった。まずは、UA子会社で自らが社長を務めていたブランド「coen（コーエン）」で楽天ポイントを導入する方向で社内をまとめる。17年7月、笠原と藤沢は条件などを詰め、8月にはUAの役員会で承認を得る。そして、18年3月15日にcoenで楽天ポイントの取り扱いがスタートする。楽天ポイントに参画したアパレル第1号だった。半年後の18年10月、笠原と藤沢は手応えを感じていた。楽天ポイントの効果もあり、coenの売り上げは2〜3％も伸びていたのだ。その実績を基に、笠原はUA全体への導入も呼び掛ける。

だが、再び反対に回ったのが竹田だった。竹田は店頭でのスタッフの声掛けなどを念頭にこう言った。「店の品や雰囲気に合わない」。

当時、楽天はUAに楽天市場への出店も申し入れていた。楽天の責任者がファッションを担当していた執行役員（現常務執行役員）の松村亮である。松村は、外資系IT企業のエンジニアを振り出しに、外資系戦略コンサルティングファームを経て楽天に転じた。入社後、社長室や海外事業を経て、EC事業にアサインされた松村に課せられた最初のミッションの一つが、楽天のウイークポイントだったファッションの強化だった。

だが、UAの反応は渋かった。UAは飛ぶ鳥を落とす勢いだったファッションEC「Z

OZOTOWN（ゾゾタウン）」に出店していた。UAとZOZOの関係は深い。前澤友作が04年に立ち上げたZOZOに、出店を決めたのがUA創業者の重松である。人気ブランドのUAが出店したことがZOZO飛躍のきっかけとなる。

その後、相次いで有力ブランドがZOZOに参画し、アパレルECサイトとして不動の地位を確立することになった。ZOZO1強の状況にあって、UAにとってECはZOZOだけで事足りるといった状況だったのだ。

実際、楽天市場への出店について、竹田は松村に対してこう言った。「分かるでしょ。あんなごちゃごちゃしたところに出したらブランドのイメージが壊れてしまう」。要するに、楽天は「ダサい」という宣告であった。

アパレル業界関係者が持つ楽天のイメージを変える必要があった。一つが楽天ロゴの変更である。18年6月、楽天は旧来のものに比べて、スタイリッシュな現在のロゴに変更する。

さらに、松村は、UAやビームス、JUN、マッシュグループ、ベイクルーズといった大手アパレルブランドに足しげく通った。各ブランドの意見を聞き、それに対応することで、従来のブランドとEC事業者という関係を超えた協力関係を築き上げた。そこから楽天市場ではなく、新たなサイトを設けて、出店してもらう方向性が浮上した。楽天市場に加え、アパレルに特化した新たなプラットフォームを立ち上げるという大胆な策である。

松村は、出店してもらうために、アパレル業界の慣行を変える提案もした。アパレルブランドの多くは在庫を複数に分けて管理している。例えば、直営店向け、百貨店向け、自社EC向けなどである。同じ商品が多ければ5～6カ所に分散して管理されていたのだ。結局、欠品するところもあれば、余るところもある。実は、在庫を一括で管理していれば、生産量が半分で済むようなケースもある。そこで松村は、楽天が在庫を一括管理することを申し出たのだ。

UAの懸念解消にも務めた。19年5月、笠原と会った竹田はこう打ち明ける。「実は、ECに疑念を持っていました」。矛先は、ZOZOである。先ほども触れたように、UAがZOZOの成長に大きく貢献したのは間違いない。にもかかわらず、ZOZO側からはたびたび手数料の引き上げなどを求められてきたというのだ。竹田は同じEC事業者の楽天にも警戒心を持っていた。笠原はこう応じた。「OMO（オンラインとオフラインの融合）も積極的にやりますし、手数料はフィックスにしましょう」。

風向きは変わってきていた。各社とも新たなサイトに出店してもよいという雰囲気が出てきたのだ。さらに、19年10月に、楽天は一般社団法人日本ファッション・ウィーク推進機構が主催する東京ファッション・ウィークの冠スポンサーとなった。理事長で当時TS

Iホールディングス会長だった三宅正彦に頼まれ、外資系のスポンサーが抜けた穴を埋めたのだ。

それを起点に松村は「ｂｙＲ」という新プロジェクトを立ち上げ、東京ファッション・ウィークに、フランス・パリに拠点を移した国内の著名デザイナーブランドを呼び戻したりもした。アパレル業界への貢献を通じて楽天にファッションの色を付けていったのだ。

同時にスタートしたのがアパレル専門のＥＣサイト「Rakuten Fashion」である。松村の努力が実り、ＵＡやビームスといった人気ブランドが多く出店した画期的なサイトだった。デザインは楽天市場とは大きく異なり、竹田に指摘された「ごちゃごちゃ感」も消えた。

アパレル業界で楽天の存在感が高まる中で、ＵＡも楽天ポイントに対する態度を軟化させていた。大きな理由が三つあった。一つが、駅ビルなどでの売り上げのピークアウトである。ＵＡは東日本旅客鉄道（ＪＲ東日本）が展開するルミネなどに出店してきたが、駅ビルの新規開発がなくなったのだ。

もう一つが、ＺＯＺＯの失速である。アパレルは他の商品と異なり、実際に物を見て購入することが多い。ＥＣだけでなく、リアルと結び付いたチャネルの開拓が不可欠だった。

そして、最後が、新型コロナウイルスの感染拡大の直撃だ。需要が蒸発する緊急事態にアパレル各社は生き残りを懸けて集客策を講じなければならなかったのだ。

20年1月15日、笠原はUA上席執行役員の佐川八洋と楽天ポイントの導入について議論する。佐川は具体的なOMO策を進めたいと主張した。ポイントを集客だけに使うのではなく、オンラインとリアルを融合するために活用するというものだった。笠原が進めたかったことだ。二つ返事で受け入れた。

導入に前向きだった佐川が笠原に一つだけ懸念を伝えた。それが、自社で付けるポイントの方が、利用されるポイントより大きくなってしまうのでは、というものだった。要は、「持ち出し」を恐れたのだ。笠原は、こう応じた。「仮に持ち出しになったら補填しますよ」。

結局、ポイント導入の初月でポイントの流入率は300%、つまり、UAが付与したポイントの4倍のポイントが外から入ってきていた。

22年10月28日、UAでの楽天ポイントの取り扱いがスタートした。効果は抜群だった。UAの売上高は3%も伸びた。当初から議題となっていたOMO策も進んだ。例えば、Rakuten Fashionで利用者が店頭の在庫を表示した後に、実際に実店舗で購入した場合には、Rakuten Fashionでポイントを付けるようにしたのだ。反対に、店の在庫がなく、オンラインで購入するケースでも、店舗に売り上げを付ける。リアルとネットで「食い合う」ことがないのだ。

ＯＭＯ策は効果を上げている。23年の各ブランドの実店舗を訪れた新規客のうち59％がＯＭＯの利用者だ。しかも、ＯＭＯ経由の新規客の年間購買額は、ＯＭＯ経由でない新規客を74％も上回る。頻度や単価も約３割も高い。つまり、ファッションの購入額や購入頻度の高い優良な顧客が、オンラインから実店舗に送客できているのである。

当初はＵＡを横目で見ていた他社も、楽天ポイントの取り組みがうまくいっているとみるや次々と導入を決める。ベイクルーズやＪＵＮ、マッシュグループも自社ポイントを残しつつ、楽天ポイントを新たに採用した。このポイントの併用効果は際立っている。両方のポイントを付与する顧客が半数を超えているのだ。この数字が表すのは、実店舗とＥＣの融合が極めて進んでいるという事実である。

元々アパレル業界は、共通ポイントには消極的だった。そこにはブランドイメージを毀損しかねないという危惧があった。だが、楽天ポイントは、アパレル業界で長らく課題となってきた、実店舗とＥＣの融合という課題に一つの解を与えた。ポイントとRakuten Fashionを軸にしたアパレル業界向けのＯＭＯ策が、楽天のポイント経済圏をさらに深耕させたといえる。

名門・東急の合流

楽天のポイント経済圏には、ユニークなプレーヤーも合流した。それが、100年を超える歴史を持つ東急だ。東急は新紙幣の1万円札に採用された「日本資本主義の父」渋沢栄一が1918年に起こした田園都市株式会社が源流である。同社から独立した目黒蒲田電鉄（東急電鉄の前身）は、鉄道省から転じた五島慶太の手腕によって「西の阪急」と並び「東の東急」と称される私鉄王国となる。名門グループが新興勢力の楽天のポイント経済圏にくみした背景には、その独特な企業風土があった。

笠原と東急グループの縁は約30年前にさかのぼる。両者を結んだのは、東急グループが東京・三軒茶屋に開発した複合ビル「キャロットタワー」である。当時、CCCでTSUTAYA事業を担っていた笠原が、まだ東京に数店舗しかなかったTSUTAYAの旗艦店を立ち上げるため、この一大ランドマークに出店すべく交渉に当たったのだ。

最初に東急電鉄に問い合わせたところ、東急百貨店が手掛けている案件だと知らされる。CCC社長だった増田が、東急百貨店の会長だった三浦守の元を訪れる。東急電鉄の創業者・五島慶太の息子でグループ総帥だった昇の薫陶を受けた三浦は、10年以上も東急百貨店のトップに君臨するなどグループ内で強い影響力を持っていた。

その後、交渉の実務を担った笠原が東急百貨店の担当者に工事中だったキャロットタワーの地下に案内される。広大な工事現場で、たくさんの作業員が掘削を続けていた。笠原は、巨大プロジェクトを目の当たりにして感動する。増田も夜中に工事現場を視察し、出店が決まる。そして、96年11月、当時としては東京都内で最大級だったＴＳＵＴＡＹＡ三軒茶屋店が開業したのだ。

ビデオレンタルが流行し、三軒茶屋店の業績は絶好調だった。東急グループ内でもその活況ぶりが話題になった。しばらくして、笠原の部下で営業を担当していた佐藤淳は、東急にＴＳＵＴＡＹＡのフランチャイズ（ＦＣ）契約を持ち掛ける。佐藤は後に笠原と同じようにＣＣＣから楽天に移り、現在は楽天ペイメント執行役員ペイメント戦略室長を務める。

佐藤の提案を受けた東急は社内で検討を進め、ＦＣ店の展開を決める。第1号店が、東京・旗の台にあった東急バスの操車場の一部に出した旗の台店だった。大阪発祥のＴＳＵＴＡＹＡはまだ都内に店舗は少なく、ＴＳＵＴＡＹＡ旗の台店には客が押し寄せた。あまりの盛況ぶりに、東急が同じ敷地内に出したニッポンレンタカーのＦＣ店の駐車場に利用者の車が並び、レンタカーが置けないほどだった。

その後、東急は大岡山や二子玉川などにＴＳＵＴＡＹＡを展開していく。自社の「駅ナカ」のコンビニ業態などと併せて運営していたのが、東急バスだった。笠原と東急グループの各社との結び付きは強まっていった。

誰もが知る、東京・渋谷の「SHIBUYA TSUTAYA」の出店にも東急グループが絡んでいる。渋谷のスクランブル交差点前の商業ビルの99年12月当時のオーナーが東急百貨店だったのだ。東急百貨店がビルを保有していた理由は、すぐ裏手にある西武渋谷店のJR渋谷駅前への進出を妨げることだったとされる。そこに新たに商業ビルが建つ計画を聞き付けた増田が、再び三浦に直談判し、出店が決まった。以来、TSUTAYAの旗艦店として渋谷のランドマークとなっている。

03年秋、笠原はTポイントを立ち上げると、東急グループにも導入を呼び掛ける。最初に口説いたのが、グループ傘下の東急ホテルマネジメント（現東急ホテルズ&リゾーツ）副社長の磯崎浩亮だ。磯崎の父、叡は鉄道省出身。城山三郎の伝記のタイトルにもなった『粗にして野だが卑ではない』で有名な石田禮助の後任として日本国有鉄道（国鉄）の6代目の総裁を務めた。

磯崎は笠原を気に入り、Tポイントの導入をすんなりと決める。笠原は、余勢を駆ってグループの他の企業にも営業に回ったが、こちらは不首尾に終わった。ただ、このときに東急グループに多くの知己を得ることになったのが収穫だった。

それから10年後の14年に楽天に転じた笠原は、かつての人脈をたどり東急に楽天ポイントの営業をかける。ただ、感触は鈍かった。転機が、15年の楽天の東京・二子玉川への社屋移転である。そもそも本社ビルのオーナーは東急である。

目を付けたのが、楽天本社のお膝元にある商業施設で東急百貨店が展開する食品売り場、東急フードショーだ。笠原は、かねて知り合いだった東急の不動産部の社員に楽天ポイントの試験導入を持ち掛けた。実際、導入したところ、結果は大成功といえるものだった。楽天会員の最上位であるダイヤモンド会員の利用額は、他の会員よりも39％も高かった。楽天ポイントが、購入額の高い会員を店に送客できたことを示していた。

この数字を手に笠原は、グループ各社を回った。面会したのは、当時、東急ストア常務だった大堀友二や東急ホテルズ&リゾーツ副社長だった飯塚雅人、東急百貨店社長の大石次則らである。トップの指示で、各社で検討が進むが、交渉の終盤になると各社の担当者らはこう口をそろえた。「東急カードも東急ポイントもあるので……」。自社グループのカードへの遠慮がにじんでいた。

グループの主要会社の様子見が続く中で、前向きな姿勢を示したのが持ち株会社である東急の専務、藤原裕久だった。藤原は、試験導入の結果を高く評価し、ホテル事業やカード事業でも楽天と組むべきだと考えた。藤原は、従来の東急沿線の顧客だけでなく、若い世代も開拓していくべきだという意識を持っていたのだ。

グループ各社の雰囲気も徐々に変わり、楽天と具体的にどう組むかについても模索が進んでいた。しかし、内部にはまだ反対の声もあった。楽天ポイントと楽天カードに「のまれる」ことへの警戒感は簡単には消えなかったのだ。

笠原は、楽天会長兼社長の三木谷浩史に交流がある東急会長の野本弘文を説得するよう頼み込んだ。野本はバブル崩壊後に停滞していた東急を指揮。19年には祖業である鉄道を分社化し、社名から「電鉄」を外して東急に改めた。鉄道に依存しないという意思表示だった。野本は東急の事業多角化を推し進め、私鉄業界で異例の躍進を導いた名経営者だ。

そして、19年12月、笠原は野本と社長だった髙橋和夫の両トップに対して提案をする機会を得る。笠原の説明を聞いた後、野本はこんな一言を発する。「楽天さんと組んだらいいんじゃないの」。グループ総帥の発言は重い。グループ各社は、せきを切ったように一気に楽天を受け入れる方向に変わった。

笠原が野本に説いた楽天と組むメリットはこういうものだった。「東急は他の路線に乗り入れて、渋谷は秩父から平塚までつながっています。つまり、渋谷の商業施設が集められるのは、東急沿線の利用者だけではありません」。実際、東急が19年11月に開業した東京都町田市内の商業施設を利用する楽天会員を調べたところ、埼玉や静岡から訪れていた

楽天と東急はデータを活用して新事業を生み出すための企画会社を合弁で立ち上げた

人もいた。特に、東急は近年、渋谷で大規模開発を進めてきた。データは、渋谷の「大家」ともいわれる東急が自社の沿線だけでなく、広域から集客できる可能性を示唆していた。

「笠原さん、それはいいね」。野本は即座に理解した。そして、笠原にこう頼んだ。「ぜひ楽天のデータを活用させてください」。しばらくして、楽天のデータを活用して新たな事業を生み出すために共同出資して企画会社を発足させた。この企画会社の窓口を務めるのが、東急との縁が深かった佐藤である。

「東の東急」と「西の阪急」と称されるように両社はしばしば重ねられる。ただし、阪急が国鉄と距離を置いたのに対して、東急は国鉄と近づけるなど両社の経営思想には異なる点もある。実際、東急は各線との相互乗り入れを積極的に広げ、複数の路線に直接乗り入れている。そのオープンな思想こそが、沿線ビジネスを超えた新たなビジネスに結び付いたといえる。

19年末から20年夏にかけて、楽天は、東急ストアや東急ホテルズ&リゾーツ、東急百貨店、東急モールズデベロップメント、東急ハンズと次々にポイント業務で契約を結び、20年秋から順次楽天ポイントの取り扱いがスタートした。笠原にとってはCCC時代から数えると足かけ16年。ついに経済圏に東急を迎え入れることになったのだ。

楽天と東急は、両社のポイントを付与するダブル付与の仕組みを取り入れた。当初、懸念されていた東急会員の減少という事態は起きなかった。むしろ、両方のポイントの利用者は導入初年度の54万人から3年目で70万人に増加した。両社を合わせた会員数も初年度の317万人から同437万人にまで増えている。

会員数の増加とともに、データを使ったマーケティングも精緻化している。競合店の単価の分析などを基にした商品の価格設定などに加え、絶大な威力を発揮しているのが、商圏内の利用客への販促だ。そもそも、ダブル付与は単にポイントの「二重付け」による集客効果だけではない。本質は、両社の会員IDを統合した点にある。

例えば、店舗の半径500メートル内に住んでいる楽天会員のデータを見れば、何人が東急の店舗に来ているか、何人が来ていないのかが把握できる。もちろん、東急の会員データでは、店舗に来た客しか分からない。つまり、楽天会員のデータが、東急を利用していない、いわば「見込み客」へのアプローチを可能にした。

東急ストアは販促策として、そうした見込み客に、割引クーポンなどを定期的に配信している。効果は抜群だ。足元の単月で見ると、東急ストアを訪れる楽天会員数は前年同月比15％増で推移している。ポイントの力で東急ストアの店に楽天会員がどんどん送り込まれているのだ。

東急の創始者、五島慶太はこんな格言を残している。「ものごとはすべて大きく考えること。おじけづいていては成功しない」。名門グループでありながら、新興勢力の楽天の経済圏への参画に踏み切った裏には、脈々と受け継がれてきたそんなＤＮＡがあるのかもしれない。

第八章
五大経済圏の攻防

敵の敵は敵――ドコモの台頭

ポイント経済圏の覇権を巡る争いは、後発の楽天（現楽天グループ）とNTTドコモが主軸となって進んでいくことになる。そのことを印象付ける出来事が、外食大手のすかいらーくで起きる。

「Tポイントはとても素晴らしいんですよ」。2014年12月16日、東京都武蔵野市にあるすかいらーく（現すかいらーくホールディングス）の本社。同社執行役員マーケティング本部マネージングディレクターのニシャード・アラニは、楽天ポイントの総責任者、笠原和彦にそう熱弁を振るっていた。

笠原がアラニの元を訪れたのは、共通ポイント事業に参入したばかりの楽天ポイントの営業が目的だった。だが、アラニは楽天ポイントの話には興味を示さず、Tポイントを手放しで褒めちぎり続けた。アラニは、目の前にいる笠原がそのTポイントの生みの親であることを知らなかったのだろう。Tポイントのデータを活用した販促策などを得意げに語った。笠原は心の中で何度もこうつぶやいていた。「よく知っていますよ」。

すかいらーくがTポイントを全面導入したのは08年1月のことだ。カルチュア・コンビニエンス・クラブ（CCC）でTポイントを生み出した笠原は足かけ4年のタフな交渉の末に、すかいらーくを加盟店に加えた。そのすかいらーくの経営体制は、笠原が10年にCCCを去る前後までに大きな変遷を遂げていた。「横川4兄弟」が1962年に創業したすかいらーくは、06年に当時国内最大規模となる創業家によるMBO（経営陣による自社買収）で非上場化した。だが、株主だった野村證券（現野村ホールディングス）傘下の投資会社と、創業家の3男で当時社長だった横川竟が対立。08年には横川竟が解任される。その後、11年に米投資ファンドのベインキャピタルに買収され、14年に再上場を果たすことになる。当時はまだベインが筆頭株主で、笠原のカウンターパートだったアラニもベインから送り込まれた役員だった。

笠原は、アラニと部下でマーケティング本部ディレクターの堤雅夫との交渉に臨んだ。だが、議論は一向に進展しなかった。「自分のまずい英語のせいかもしれない」。笠原はそうも思ったが、どうもアラニはTポイントが圧倒的に優れていると思い込んでいるようだった。

元々、笠原がこのタイミングですかいらーくをターゲットに定めたのは、Tポイントの契約期間があった。CCCとすかいらーくの契約は5年契約で、16年3月末が期限であった。15年中に笠原は契約をひっくり返すべく粘り強く交渉したが、結局すかいらーくはTポイントと契約更新してしまう。最初の交渉は空振りだった。

その後、そのアラニや堤がすかいらーくを去る。笠原のカウンターパートはマーケティング本部を管掌する取締役常務執行役員の和田千弘と、ＩＴ本部のデュプティマネージングディレクターの平野暁に代わった。和田は、第一勧業銀行（現みずほ銀行）出身で、マッキンゼー・アンド・カンパニーやアルペン取締役などを経て、16年にすかいらーくに参画した。

すると、今度は議論が進み始める。当時社長だった谷真が楽天ポイントを導入する意向を持っていたことが大きかった。だが、すかいらーく側が引っ掛かっていたのが、Ｔポイントと加盟企業が結ぶ契約書の中にある規約の存在だ。規約は加盟店に対し、Ｔポイント以外のポイント導入だけでなく、他のポイントの導入検討すら禁じていた。

笠原は秘策を講じる。それが「競争の番人」こと公正取引委員会へのサウンディングである。公取委の担当者に、規約は優越的地位の乱用に該当するかを問い掛けたのだ。担当者も興味を持ったようだった。

その頃、スポーツ用品大手のアルペンが長らく加盟していたＴポイントから脱退し、楽天ポイント導入を決めていた。これを受け、すかいらーくも弁護士と打ち合わせを重ね、Ｔポイントからどう離脱するかを模索することになる。

当初、Ｔポイント側は強硬姿勢だった。すかいらーくに対して他の共通ポイントを相乗りさせるマルチポイント化を認めないどころか、Tポイント陣営から抜けるなら、「購買データは全てTポイント側に帰属する」と恫喝すらしたほどだ。だが、法的にはその主張は苦しいものだった。その後、Tポイント側は、データはすかいらーくに帰属することを認める。

ただし、それまでにTポイント側の態度は軟化していた。アルペンのように脱退を強行され、ライバル陣営に流れることを危惧したのだ。そして、19年7月26日にすかいらーくはマルチポイントの採用を決議する。

これはTポイントが加盟店に対して他のポイントの受け入れを認めた初のケースとなった。楽天にとっては千載一遇ともいえる好機がようやく訪れたのだ。

しかし、そこに思わぬ「伏兵」が現れる。15年に参入したドコモのdポイントである。楽天と同じく共通ポイントでは後発組だ。実は、Tポイントがマルチポイント化を認めそうなタイミングで、和田と蜜月の関係にあった、博報堂（現博報堂DYホールディングス）出身でドコモパートナー事業部長の石井清信が、楽天よりも交渉を先に進めていたのだ。

笠原も異変を感じていた。楽天ポイントを導入するのであれば欠かせないすかいらーくの社内プロセスが進んでいる気配がなかったからだ。ある日、笠原は、ゴルフ場でたまたま出会った谷と数語交わしたが、どうも谷に上がっている報告は違っているようだった。

しばらくして、笠原はすかいらーくがドコモと契約を結んでいたことを知る。dポイントを導入するためのPOS（販売時点情報管理）システムの開発も進んでいた。ただし、ドコモを推していた和田は19年12月31日付で「一身上の都合」ですかいらーくを去っている。

Tポイントにマルチポイント化をのませるために粉骨砕身してきた笠原は落胆した。Tポイントという敵に向き合っている間にドコモという敵に側面を突かれたのだ。しかも、Tポイントに加えて、dポイントと契約したすかいらーく社内には共通ポイントはもう十分だという雰囲気が漂っていた。

落ち込む暇もなく、笠原は巻き返しに動く。笠原は担当者を説得し、楽天ポイントのテスト導入を頼み込む。導入先は、すかいらーく子会社のニラックスである。フードコートなどを展開する同社は、谷もかつて社長として経営に当たっていた。

POSシステムはドコモのものしかなく、楽天はカードの読み取り端末を持ち込んで試験展開することになった。急ごしらえでも進めたのは、もたもたしていれば楽天だけが外されてしまうとの危機感があったからだ。

すると、驚きの結果が出る。テスト導入の初月で楽天ポイントがTポイントを上回ったのだ。売上高全体に占めるポイントが関与する売上高の割合「関与売上高比率」は、Tポイントが20％だったのに対し、楽天ポイントは27％と大きく上回ったのだ。しかも、楽天ポイントはプロモーションなどを何もしていない。楽天ポイントの実力をまざまざと見せつけられたすかいらーくの現場も、これで導入を検討せざるを得なくなる。

そして、21年3月22日、すかいらーくは楽天ポイントの取り扱いをスタートした。dポイントにおよそ1年遅れる形となったものの、何とか滑り込むことに成功したのだ。

本来、ポイントは先行する事業者が有利だ。顧客にイメージが根付くからだ。だが、すかいらーくでは楽天ポイントが、その地力を発揮している。楽天ポイントの導入初月こそ関与売上高比率は、楽天ポイントが22％となり、Tポイントの27％を下回った。だが、2カ月目には楽天ポイントが25％に伸ばし、25％を切ったTポイントを逆転した。それから、Tポイントが再逆転したことはない。足元でも、楽天の数字はTポイントとdポイントを大きく上回っている。すかいらーくでは楽天が2陣営を圧倒しているのだ。

Tポイント陣営にとって、すかいらーくは金城湯池ともいえる存在だった。ピーク時には、Tポイントの関与売上高比率は60％にも達した。それだけではない。顧客や購買のデータを活用したマーケティングなども二人三脚で磨き上げてきた。そのすかいらーくのマルチポイント化はTポイント陣営にとって、単なる一つのチェーンの門戸が開いた以上の打撃があった。何より、象徴的だったのは、ドコモと楽天という後発組がTポイントの1

強支配をこじあけたことだ。楽天とドコモの台頭を印象付ける出来事となった。

楽天とドコモ「幻の握手」

歴史に「もしも」はタブーだ。しかし、ある大型提携が実現していれば、ポイント経済圏の勢力図のみならず、産業史も間違いなく大きく変わったはずだ。

「ポイントビジネスで協力しませんか」。15年3月8日、楽天の笠原は、ある人物にそう持ち掛けた。その人物とは、ドコモのポイント事業を担当するコンシューマサービス部担当部長だった前田義晃だ。

リクルート出身の前田は、2000年にドコモに移籍した転職組で、コンテンツやサービスの分野を長く手掛けてきた。24年6月、副社長だった前田はNTT本体からの落下傘だった前社長の井伊基之からトップのバトンを引き継いだ。NTTグループの生え抜き以外が社長に就任するのは初。その経歴に加え、54歳という若さなど異例ずくめの社長交代は大きな話題となった。

笠原が前田に協力を持ち掛けた当時、ドコモは共通ポイント事業への参入を9カ月後に控えていた。Tポイント、Ponta（ポンタ）、楽天ポイントに続く共通ポイントでは

4番手となるdポイントである。ライバルである楽天からの意外な申し出に、前田はあっけにとられた様子だった。

笠原の行動には目的があった。それはTポイントの打倒である。14年に楽天に移籍し、ポイント事業を率いてきた笠原は、Tポイントの強さを痛感していた。1強支配を崩すには、後発同士が手を組む必要があると考えていたのだ。

楽天とドコモの関係も良好だった。04年には、楽天会長兼社長の三木谷浩史と、ドコモで「iモード」ビジネスの立ち上げに関わり、現在はKADOKAWA社長の夏野剛が合意し、合弁で楽天オークションを立ち上げた。ネットオークション市場を圧倒的に押さえていたヤフー（現LINEヤフー）のYahoo!オークションへの対抗軸を構築するためだった。

笠原と前田をつないだのも、その縁だ。CCC時代の笠原の部下で、楽天オークションの社長を務めていた舟木徹が、笠原に前田を引き合わせた。その後、楽天は14年にドコモの通信網を利用して格安携帯電話事業にも参入している。もちろん、楽天が携帯電話事業に参入する構想はまだ具現化する前のこと。両者の組み合わせは決して意外なものではなかったのだ。

笠原と前田が次に会ったのは、15年5月8日。前田は、楽天との提携を具体的に検討したいと笠原に伝える。もともと笠原の念頭にあった提携の中身は、加盟店の共同開拓だった。入り込む隙のなかったTポイントの加盟店網を協力して崩していくもくろみだった。dポイントのスタートに当たり、加盟店開拓を一から始めるドコモにとっても悪い話ではない。

その後、両者の間で具体的な提携の中身について議論が重ねられた。そして、15年12月9日、笠原は、カウンターパートで前田の上司だった執行役員の田村穂積から代表取締役全員の了解を取ったと聞かされる。代表権を持つ取締役は当時社長だった加藤薫を筆頭に、加藤の次の社長となる副社長の吉澤和弘ら4人がいた。加藤は4年の任期中にソフトバンクやKDDIへの契約者の大量流出で「独り負け」といわれたドコモの劣勢を挽回した経営者である。田村は笠原に、その加藤の言葉として「『やるなら早く発表したい』と言っていた」と伝える。提携構想は着実に前進していた。

笠原が前田に最初に会ってから1年後の16年3月9日夜、東京・世田谷のイタリアンレストランに楽天とドコモの交渉関係者が顔をそろえた。ドコモ側は、田村と前田、楽天側が笠原と楽天カード取締役の中村晃一という組み合わせだった。

「営業がなかなか進まない」。会食の席で、田村はそう漏らした。前年の12月にドコモはdポイントをスタートしたものの、出だしから加盟店の獲得には苦戦していた。一足早く参入し、パートナー企業を開拓していた笠原は、田村や前田にこう約束した。「こちらからも紹介しますよ」。実際、その後に笠原は幾つかの企業をドコモにつないでいる。

会食では、さらに突っ込んだ議論もなされた。それが、ドコモの携帯利用料へのポイントの付与である。当初は、ポイント交換でスタートし、1年後をめどに携帯利用料に付与されるポイントについて、利用者が楽天ポイントかdポイントのどちらかを選べるようにするというものだった。ドコモ経済圏の力の源泉ともいえる携帯利用料すらも議論の俎《そ》上《じょう》に載せられていたのだ。

もちろん楽天側にも、ドコモとの提携に対する期待感は高まっていた。会食に先立つ16年3月6日の日曜日の夜、笠原は東京・渋谷にある三木谷の私邸に呼び出された。「ドコモとの交渉はどうですか」。三木谷は笠原にそう尋ねた。普段は、事業の一切合切を笠原に任せる三木谷が、交渉の状況を気に掛けていたのだ。

5月、笠原と面会した田村はこう強調した。「加盟企業を一緒に増やしていきたいですね」。スタート時点で、発行額が1000億円ほどだったdポイントは半年で2500億円にまで激増していた。田村の説明によると、ドコモは広告などに投じていた費用を積極的にポイントの原資に充てていた。ポイント事業に懸けるドコモの熱意が表れていた。そして、田村は笠原にこう伝える。「加藤に口頭で説明して許可を得た」。ドコモトップのゴーサインが出たのである。

そして、ついに両トップの顔合わせの場面がやって来る。5月16日午後5時、三木谷と笠原は東京・赤坂の山王パークタワーにあるドコモ本社を訪問する。応接室に姿を見せたのは、加藤と吉澤である。そのわずか3日前、ドコモは6月に加藤が相談役に退き、副社長の吉澤が社長に昇格するトップ人事を発表していた。新旧社長のそろい踏みである。

「両社で協力してマーケットを拡大していきましょう」。笠原は加藤や吉澤にそう呼び掛けた。三木谷は、当時FDA（米食品医薬品局）に楽天メディカルが申請中だった光免疫療法の仕組みを説明した。三木谷は、神戸大学名誉教授だった父の良一がすい臓がんを患ったことをきっかけに、がんの新治療法の開発に心血を注いでいた。三木谷は加藤らにこう語った。「医療の分野でも将来協力できたらいいですね」。

「お互いに仲間を増やしていきましょう」。加藤がそう話すと、三木谷と笠原は静かにうなずいた。そして、最後に三木谷と加藤は立ち上がると、がっちりと握手を交わした。通信とEC（電子商取引）の巨人による大型提携が決まった歴史的な瞬間だった、はずだった……。

ところが、だ。基本合意書を交わす最終段階を残し、交渉はスタックする。待てど暮らせどドコモ側から合意書が送られてこないのだ。そして、6月22日、笠原は田村から合意書が完成したと連絡を受けた。楽天がその合意書を受け取ったのは、7月11日になってからのことだ。

7月26日、笠原は田村や前田、石井らと共同事業の打ち合わせをする。だが、合意書については話題に上らない。楽天もドコモも、はんこが押されていない合意書を持ち続けていた。はんこがない合意書などただの紙切れである。とにかく、物事が遅々として進まなかった。

トップ同士の握手から4カ月もたった16年9月8日。田村と前田が東京・二子玉川にある楽天本社にやって来る。2人は笠原に対してこう告げる。「ポイントの交換は難しい」。その上で、「加盟店の共同開拓から始めたい」と言い出したのだ。議論は振り出しに戻った。「話が違う」。笠原はそう憤ったものの、長い時間がたっていた状況から発言の真意を即座に理解した。ドコモは提携を進めたくないのだろう、と。

ドコモ側が提案した加盟店の共同開拓は、楽天の営業現場から不満が出ていた。そもそも、楽天が紹介した事例はあったが、逆はなかったからだ。さらに、すでに営業の現場では、楽天もドコモもガチンコ対決をしていた。さらなる協力は不可能だった。結局、これ以上議論は進まず、16年末には提携構想は雲散霧消した。

トップ同士が握手をした後に、ディールが完全消滅するのは極めて異例のことだ。なぜ両社は破談に至ったのか。ドコモのトップ交代の影響が及んだ可能性はある。

笠原はトップ同士の会談に先立ち、加藤と面会していた。その際、加藤は笠原に対して、部下に「交渉を早く進めるよう言っている」と明かしていた。加藤は田村に対して「やるなら早く発表したい」とも話していた。加藤は楽天と組むことに前向きだったのだ。

一方、提携構想が一挙にしぼんだのは、吉澤の社長就任後である。「ポイントを足掛かりに楽天に乗っ取られるのでは」。ドコモ側にそんな疑念が湧き上がっていたとしても不思議ではない。

結果、楽天もドコモも単独でポイント経済圏を拡大する道を選んだ。両社は激しく競り合う中で、Tポイント1強を崩し、共通ポイントの1位と2位に躍り出ることとなった。

仮に楽天とドコモの提携が実を結んでいれば、今あるポイント経済圏や近年のビジネス史も大きく異なっていたはずだ。両社の関係者にとって、ポイント事業の提携はあくまでも「入り口」との認識だった。単なるポイントの提携にとどまらず、両社が強みを持つ通信やECの事業での連携も視野に入っていたのだ。その先には、会員情報の統合などにも踏み込んだ可能性はある。リアルとオンラインを押さえる楽天とドコモによるポイント経済圏は、圧倒的な規模になったに違いない。

何より、そこまでドコモとの提携が深化していれば、三木谷は携帯電話事業の参入に踏み切らなかったかもしれない。携帯事業への巨額投資の負担による赤字が続き、危機説すら浮上した今の楽天とは、全く異なる楽天の姿があっただろう。

ドコモにとっても、巨大経済圏を築く上で、楽天が持つＥＣや金融事業は喉から手が出るほど欲しいピースだった。それは、交渉当時の9年前と今でも状況は変わらない。実際、ドコモは24年4月、アマゾンジャパンとポイント事業で提携すると発表した。

ただ、ドコモにとってアマゾンは、楽天を上回る理想のパートナーかというとそうとはいえない。もちろんアマゾンはＥＣ事業では楽天と双璧を成すが、金融やポイントといった事業では楽天に軍配が上がる。楽天の方が、ドコモを補完する機能を多く持つのだ。とはいえ、楽天の携帯事業参入後、ドコモは「楽天つぶし」ともいえる格安プランを投入するなど両社の戦いは熾烈《しれつ》を極めている。ポイントでも2強として激突する今や仇敵《きゅうてき》に当たる楽天と組む選択肢はなかったのが現実だ。

ドコモが楽天と組んでいれば、通信事業でライバルのソフトバンクやＫＤＤＩを大きく突き放すことになった可能性は高い。楽天とドコモが組んだ最強の経済圏の誕生は、いわばボタンの掛け違いによって幻と消えてしまったのだ。

ローソンと楽天の大連合構想

楽天とドコモの提携交渉と時を同じくして、楽天とローソンというＥＣと小売りの雄の大型ディールも動いていた。

「役員合宿でオーソライズします」。15年6月19日、楽天ポイントの総責任者である笠原にローソン専務執行役員の加茂正治はそう約束した。楽天とローソンの提携に向けた話し合いはスムーズな出だしとなった。最初の顔合わせには、ローソンの営業戦略本部長補佐だった酒井勝昭も同席していた。

笠原には、Ｔポイントを電撃離脱してＰｏｎｔａを立ち上げたローソンには「遺恨」があった。ローソンの脱退で絶体絶命となったＴポイントは、ファミリーマートに救ってもらい、危機を脱した経緯があった。笠原にとって楽天への移籍後も、Ｐｏｎｔａの主力であるローソンはライバル陣営であることには変わりない。笠原が加茂と面会したのには理由があった。

最大の理由は、14年秋に共通ポイントに参入した楽天を襲ったある危機があった。両社の初交渉の3カ月前の15年3月、コンビニエンスストア業界は大型再編に揺れた。業界3位のファミリーマートと、業界4位のサークルＫサンクスを傘下に持つユニーグループ・

ホールディングスが経営統合に向けて交渉に入ると発表したのだ。

ファミマはTポイント、サークルKサンクスは楽天ポイントの中核の加盟店である。ただ、コンビニの屋号はファミマに統一される見通しで、サークルKサンクスの看板の消滅とともに、ポイントもTポイントに一本化される可能性があった。コンビニを加盟店網から失うようなことがあれば、大打撃である。ローソンとの交渉入りは必然だったといえる。楽天会長兼社長の三木谷とローソン社長の玉塚元一の親密な関係も提携の動きを強力にプッシュした。

もちろん、ローソンにとっても楽天と組むメリットは大きかった。当時、ローソンでのPontaの利用率は6割強に達していたが、そこからは伸び悩みが続いていた。つまり、来店者の3人に1人が、誰でどんな商品を購入したかが分からないのだ。楽天ポイントと組めばその捕捉率を高められる。ほかにも、楽天市場や楽天の子会社だった医薬品通販サイト「ケンコーコム」なども魅力だった。

笠原のカウンターパートだった加茂は92年に東京大学を卒業し、戦略コンサルティングファームのマッキンゼー・アンド・カンパニーに入社。有線ブロードネットワークス（現U-NEXT HOLDINGS）役員などを務めた後、10年に当時社長だった新浪剛史の誘いでローソンに移籍した。

ローソンを16年に退社すると、マッキンゼーに戻りパートナーを務めたほか、経営再建中の東芝に一時身を置いたこともある。笠原と加茂も10年来の付き合いだった。04年ごろ、笠原がTポイントの加盟店開拓で訪れた有線で出会ったのだ。

両社の思惑もあり、交渉は初日から建設的なものだった。今後、幅広い分野での提携について議論することや、ＮＤＡ（秘密保持契約）を締結することで合意した。ＥＣ業界と小売業界の雄が手を組むのは初めてのことだ。

そして、提携の目玉となったのが、ローソンでの楽天ポイントの導入だった。当時、複数の共通ポイントを導入した大手企業はなかった。初物ずくめの、過去に類を見ない大型ディールが動きだしたのだ。

それから、笠原と加茂は頻繁に顔を合わせた。「（統合交渉中の）ファミマとサークルＫサンクスはどうなるんでしょうか」。８月17日、加茂は笠原にそう問い掛けた。質問の意図は、楽天ポイントが、統合したコンビニに残る可能性があるかというものだ。

当然、笠原も残るべく、ファミマに働き掛けていたが、情勢は不透明だった。「今は分かりませんね」。笠原はそう答えるしかなかった。ローソンにとっては、楽天ポイントが競合のコンビニに残るかどうか気掛かりだったのだ。

９月７日、笠原は加茂と上級執行役員の野辺一也と面会する。野辺はかつて、玉塚がフアーストリテイリング社長を退いた後の07年に立ち上げたリヴァンプに参画。13年にローソンに転じていた。ローソン退社後は、メガベンチャーのメルカリで執行役員CMO（最高マーケティング責任者）を務めた。

この日は、MOU（基本合意書）の内容を固めるべく議論が進んだ。「12月末までに具体的な内容を詰め、16年2月に正式契約締結」というスケジュールも示された。加茂らは楽天との提携について「ローソン社内では合意が固まっている」と伝えた。

8月に続いてローソン側は楽天がサークルKサンクスに残るかを気に掛けていた。サークルKサンクスは段階的に屋号をファミマに一本化していく方向だった。「サークルKサンクスの看板がある間は楽天ポイントを続けたい」。笠原はそう伝えた。翌週には、基本合意前にもかかわらず、契約書のひな型の細部について議論が及ぶなど、ローソン側も交渉には前のめりとなっていた。

笠原は楽天社内の地ならしも進める。9月25日、笠原は代表取締役副社長の島田亨、取締役常務執行役員の百野研太郎、楽天カード取締役常務執行役員の中村晃一と打ち合わせをした。ローソンとの交渉を担う面々である。笠原は、ローソンと16年2月に正式契約を結び、ローソン店頭での楽天ポイントの付与を同年7月からスタートするというスケジュールを説明した。

問題となったのがシステムだ。正式契約からわずか5カ月では、システム開発は間に合わない。笠原は3人にこう言った。「今から先走ってでもシステムを作り始めたい」。まだ基本合意前である。仮にローソンとの提携がなくなれば、開発費はどぶに捨てることになる。「提携は絶対にする」。笠原は、交渉相手だった加茂らのそんな発言を信じて腹を決める。笠原の熱意に、契約前にシステム開発に着手することで全員が合意する。

楽天とローソンの間で、具体的な議論が進んでいった。10月1日、楽天とローソンの関係者が一堂に会した。ローソン側が、加茂と野辺、酒井ら、楽天側が島田、百野、笠原といった顔触れだった。ローソン側が求めたのが、楽天会員の送客だった。楽天とローソン会員のIDを統合すれば、店に来ていない楽天会員が把握できる。そこにクーポン送付などの販売促進策を打ちたいというものだった。

後の交渉の中で、ローソン側は楽天側に来店客の8割を把握したいと明かしている。ローソンは、楽天ポイントと、12月から導入を予定していたdポイントの力も合わせて、Pontaだけでは追えない客を捕捉するという具体的な計画を立てていた。

コスト負担に関しても議論が進んだ。ポイント原資はローソン側の負担とし、データ分析などのコストは楽天側の負担とすると整理された。アプリも相互接続して連携できるようにする方向で固まった。その後も、ポイントカードの発行費の負担や、ポイント失効の扱いを巡る細かな条件も話し合われたが、交渉はおしなべて順調に進捗していた。むしろ、正式契約前にもかかわらず、かなり突っ込んだ議論がなされていたといえる。

提携内容を固める期限として設定された12月までに着々と議論が進む中で、懸念が全くないわけではなかった。それが、ステークホルダーの意向だ。ローソン株の約33％を保有する筆頭株主の三菱商事だけではない。Ｐｏｎｔａを運営するロイヤリティ マーケティング（ＬＭ）の株主であるリクルートホールディングスと日本航空（ＪＡＬ）の理解も得る必要があった。

元々、リクルートやＪＡＬが14年にＬＭに資本参画した背景には、楽天に対する強い対抗意識があったとみられている。リクルートは旅行予約サイト「じゃらん」が楽天トラベルと競合するなどバッティングする領域が多かった。一方、ＪＡＬも全日本空輸（ＡＮＡ）と電子マネーの楽天Ｅｄｙなどで組む楽天とは疎遠だったのだ。

特に、笠原が気にしていたのが三菱商事だ。「三菱商事は大丈夫ですか？」。笠原は交渉の中で、加茂らに何度もそう確認したほどだ。ただ、加茂らは、問題がないと考えていた。もちろんローソンにとって三菱商事は筆頭株主だったが、それ以上の存在ではない。楽天との提携に関しては、ローソンの専権事項との認識だったのだ。

当時、楽天はローソンだけではなく、ファミマとの楽天ポイントの残留交渉や、ＮＴＴ

ドコモとの提携交渉も同時並行で進めていた。一方のローソンは、楽天との交渉に入る直前の15年5月にドコモと提携し、同年12月にスタートする予定だったdポイントを導入すると発表していた。ポイント経済圏の覇権を巡って主要プレーヤーたちが水面下で入り乱れて合従連衡を模索していた。

三菱商事の拒否権

年が明け、笠原の不安が的中する。16年1月7日、笠原に加茂がこう伝える。「三菱商事が『JALは楽天が嫌だろう』と気にしていた」。笠原にとって、三菱商事側の発言は、JALをおもんぱかったものか、三菱商事が遠回しに難色を示したものか判断がつかなかった。いずれにしろ不穏な空気が漂っていた。

とはいえ、当のローソンは楽天との提携を前進させていた。1月29日、笠原と面会した加茂はこう伝えた。「楽天との取り組みを進めることでローソンの役員は合意した」。スケジュールについて、加茂は3月1日の経営会議で了承を得ると伝えた。加茂がその日程を挙げた背景にあったのが、メディアの動きである。

両社が包括提携の交渉を進めていることは15年夏に『日経ビジネス/ITpro（現日

経クロステック)』がいち早く報じていた。交渉入りしたばかりの早いタイミングでの正確な報道に、関係者の中には提携に後ろ向きの勢力によるリークだと疑う者もいたほどだ。その後、提携の中身が煮詰まってきたことを受け、メディアの動きが活発になる可能性があった。ローソン側は再び情報が漏れる前に機関決定をしたかったのだ。

やりとりの中では、ローソン側から三菱商事に関してこんな発言も漏れた。「小林さんのうちに決めたい」。小林とは三菱商事の社長だった小林健である。三菱商事はその前月に、4月1日付で社長を小林から垣内威彦に交代するトップ人事を発表していた。ローソンの関係者らは三菱商事の体制変更を気に掛けていたのだ。

楽天にとってもローソンとの提携は重要性が増していた。同じ頃、ファミマと、サークルKサンクスを傘下に持つユニーグループ・ホールディングスが経営統合の協議を進める中で、楽天ポイントはサークルKサンクスを加盟店から失う恐れがあったからだ。

楽天のファミマ残留交渉は難航していた。16年1月下旬の三木谷とファミマ会長の上田準二によるトップ会談は不調に終わった。経済圏からコンビニが消える最悪のシナリオが現実味を帯びていた。ローソンとの提携交渉では、楽天はシステム投資やポイントカードの作成を見切り発車で進めていた。まさに背水の陣だった。

2月23日、笠原と加茂はローソンでの楽天ポイントの取り扱い開始を当初予定から2カ月後ろ倒しした9月1日にすることで合意する。ローソンではその3日前に、社長の玉塚を筆頭に役員8人が楽天との提携に合意していた。

スケジュールが固まる一方で、目まぐるしく変わったのがステークホルダーの意向だ。2月12日、三菱商事とリクルートが会談を持った。ローソンに楽天ポイントを導入したいと申し入れた三菱商事にリクルートはこう応じたという。「できればやっていただきたくない」。

JALも2月末に了解したはずが、3月に入り、再び抵抗感をにじませていた。「ローソンの企業価値向上の取り組みとして理解している」。三菱商事もローソンにそう伝えた直後、JALを気に掛けてか態度を硬化させた。JALやリクルートに対しては玉塚が直接説得に当たっていた。

そんなときに、提携の行方を左右しかねない重大な出来事が起きる。それがローソンのトップ人事だ。ローソンは3月28日、6月に玉塚が会長に就き、三菱商事出身で副社長の竹増貞信が社長に昇格する人事を発表した。楽天との提携に前向きだった玉塚がトップから外れることになったのだ。元々、前任の新浪の推薦でトップに就いた玉塚は、三菱商事との距離感もニュートラルだった。竹増への交代で、ローソンの三菱商事色が強まることが容易に想像できた。

ただし、楽天との提携に合意していた役員の一人でもある竹増は、すぐに方向性を変えたわけではなかった。「ローソンの業績が大事なので三菱商事を押し返している」。3月30日、笠原に会った竹増はそう強調している。実際、ローソンは三菱商事リテイル本部長の西尾一範からもこんな言質を取っていた。「ローソンの考え方は理解している」。

4月に入ると、ステークホルダーの間でしこりは消えつつあった。たびたび反対の態度を示してきたJALとリクルートが「黙認」に転じたのだ。4月15日、三木谷と玉塚の両首脳が会食に臨んだ。玉塚は三木谷にこう強調した。「基本的には一緒にやる」。玉塚は三菱商事会長だった小島順彦の理解を得ていることも三木谷に伝えた。

同じ日、現場レベルでは楽天側からローソン側に契約書が手渡された。たびたび延期されてきたスケジュールは、「6月上旬に記者会見し、10月からローソンで楽天ポイントがスタート」でフィックスされた。この日程だとすると、正式契約を5月31日に結ぶ流れが自然だった。1年弱の交渉の末、ついに契約目前にまでこぎ着けたのだ。

ところが、だ。ローソンの竹増と楽天の百野が5月17日に、翌日に契約日を決めることで合意したにもかかわらず、その翌日に竹増のトーンはこう弱まっていた。「5月末の契約は難しそうだ」。ローソン側は、竹増を筆頭に野辺や酒井らが同席していたが、加茂はいなかった。いつの間にか風向きが変わっていた。

そして、正式契約の日となるはずだった5月31日を迎える。まさにその日、ローソン側から楽天に驚きの事実が伝えられる。16年4月に垣内の後任として生活産業グループCEOに就任した京谷裕と西尾がローソンに対して楽天ポイントの導入に反対する意向を示したのだという。

ローソンの取締役会は筆頭株主の三菱商事が過半を押さえていた。もちろん取締役会に議案を諮ったわけではないが、三菱商事が数の力を背景に楽天との提携に「拒否権」を発動した格好となった。

6月9日午前11時、三木谷と笠原は東京・丸の内にある三菱商事の本社を訪問した。社長の垣内に直談判するためである。面会には京谷も同席し、さながら4者協議となった。垣内は三木谷と笠原にこう言った。「ローソンは関係会社だが、三菱商事としてはローソンの経営会議の決定を尊重する」。つまり、ローソンの経営判断に口を出すことはないと言い切ったのだ。そもそも筆頭株主とはいえ、三菱商事がローソンの経営に介入するのは越権行為ともいえる。垣内がそう言わざるを得なかったのも確かだ。

だが、その発言はしらじらしいものだった。実際、無言の圧力によってローソンと楽天の提携に待ったをかけたのは明らかだったからだ。垣内の発言にカチンときた笠原はこう反論した。「ローソンは経営会議で楽天との提携に合意したと聞いていますよ」。三菱商事が「介入」したとの証拠を突き付ける、強烈なカウンターパンチだった。垣内と京谷は押し黙っていた。

翌10日午後1時、玉塚が東京・二子玉川の楽天本社を訪れる。三木谷に面会した玉塚はこう言って深々と頭を下げた。「今回は難しかった。申し訳ない」。

楽天社内では、ローソンとの提携交渉を継続するかどうかが議論となった。口火を切ったのは笠原だった。「ローソン以外のほかのパートナーを開拓しましょう」。あまりに腹に据えかねていたこともあるが、垣内体制が当面続く三菱商事の攻略は難しそうだった。楽天はローソンとの交渉打ち切りを決めた。

楽天とローソンが共に前向きだった提携が頓挫した最大の要因といえるのが、三菱商事の社長交代といえる。合意寸前に、小林から垣内に社長が代わり、揺り戻しが生じた。ローソンでもトップが代わり、三菱商事のグリップは強まった。

なぜ三菱商事は提携に待ったをかけたのか。もちろん楽天への警戒感はあったはずだが、当時の関係者が指摘するのが、ドコモの動きである。ドコモは15年5月にローソンと提携し、15年12月からdポイントをローソンに導入していた。

ドコモにとって楽天はポイント事業で先行するライバルだ。ローソンによる楽天ポイントの受け入れを歓迎できないのは当然だろう。同関係者によると、ドコモは三菱商事に対し、楽天とローソンの提携に否定的な見解を示していたとされる。当時、ドコモは楽天とのポイント事業での提携交渉も並行して進めていた。ポイント経済圏の覇権を巡り、ドコモは見事な立ち回りを演じていたといえる。

三菱商事がドコモの意向を無視できなかった理由もある。「三菱商事はＰｏｎｔａの出口戦略を見据えていた」。別の関係者はそう明かす。将来的なＰｏｎｔａからのイグジットを考えた際に、すでにＬＭに出資していたリクルートに加え、ドコモも譲渡先の有力候補となり得る。三菱商事によるドコモやリクルートへの配慮にはそんな背景があったとされる。

いずれにしろ、楽天とローソンの提携は水泡に帰した。そして、楽天との交渉を担っていた加茂は16年9月16日にローソンを去っている。くしくも、その日は三菱商事がローソンの子会社化を発表した日でもあった。加茂だけでなく、玉塚や野辺といった非・三菱商事の人材もその後ローソンを離れ、三菱商事による統治が強まることになる。

ポイント経済圏の覇権争いというマクロの視点では、楽天との提携見送りによってＰｏｎｔａは大きなてこ入れの機を逸した。Ｐｏｎｔａの抜本的な強化については、20年5月のＫＤＤＩのポイント統合まで待たなければならない。その間、勢力圏を急速に拡大した楽天ポイントやｄポイントに比べ、Ｐｏｎｔａのプレゼンスは低下した。

全国のスーパーに数十人の社員を出向させて経済圏を構築するという三菱商事のもくろみも外れた。結局、資本参画に至ったスーパーはわずか。Ｐｏｎｔａの導入に至ったスーパーは、三菱商事の出資先のライフコーポレーションや富山県が地盤のアルビスなどにとどまる。

Ｐｏｎｔａが後手に回った理由はほかにもある。三菱商事やリクルートなどＰｏｎｔａ陣営にとって共通ポイントはロイヤルティーとの意識が強かった。Ｐｏｎｔａの利用をローソンに限ることが、共通ポイントの価値を高めると考えていたのだ。しかし、複数のポイントが台頭する中で、むしろ限られた加盟店しか持たないことは、ポイントの価値を相対的に下げることにつながってしまう。結局、楽天やドコモに劣後してしまった。

仮に、ローソンと楽天の提携が実現していれば、大手企業では圧倒的に早く、複数のポイントを取り入れた事例となったはずだ。それは、Ｐｏｎｔａの経済圏を規模の面だけでなく、多様な加盟店を持つという質の面でも大きく様変わりさせたに違いない。

24年、三菱商事はローソンをＫＤＤＩとの共同経営に移行することを決断する。「三菱商事だけではローソンの企業価値を上げるのには限界がある」。垣内の後任社長に当たる中西勝也はそう公に認めた。新たにローソンの経営に参画するＫＤＤＩはＰｏｎｔａを再強化する方針を打ち出している。だが、楽天やドコモが築き上げた巨大なポイント経済圏と伍していくのは決して容易ではない。

Tポイントの翻意

日本初の共通ポイント、Tポイントの経済圏は後発の楽天ポイントとdポイントの攻勢によって縮小均衡に陥っていた。19年11月、ファミマは楽天ポイントとdポイントを導入した。長らくファミマを囲い込んできたTポイントの1強支配が崩れたのだ。これは単にファミマが3陣営のポイントの相乗りに踏み切っただけではない。実は、Tポイントのアライアンス戦略の崩壊の始まりを意味していた。

ファミマは15年にCCC傘下でTポイントを運営するTポイント・ジャパン（現CCCMKホールディングス）に資本参加し、約15％の株式を保有していた。背景には、CCC社長の増田宗昭とファミマ会長の上田の蜜月があった。

だが、上田が役員から退いた後、ファミマはCCCとの関係性の見直しに踏み切る。19年4月、ファミマは保有するTポイント・ジャパンの全株式をCCC側に売却すると発表したのだ。関係者によると、CCCの買い戻し額は130億円ほどだったとされる。ファミマのTポイント・ジャパン株の売却は楽天ポイントとdポイントの受け入れとセットである。ファミマとTポイントとの排他契約の終焉が、資本による強固な結び付きの必要性を失わせたのだ。

このファミマの動きがさらなる遠心力を生む。ソフトバンクとヤフーが疑心暗鬼に陥ったのだ。CCCとヤフーは12年6月に戦略的資本・業務提携で基本合意し、13年には両社のポイントをTポイントに統一していた。リアルに強みを持つCCCと、オンラインで圧倒するヤフーの組み合わせは「最強タッグ」とも称された。ヤフーと親会社のソフトバンクの合計でTポイント・ジャパンの株式を35％も保有していた。

ヤフーはファミマの脱退を危惧していた。ヤフー側からは、Tポイント・ジャパンとの関係を解消したファミマは、Tポイント陣営からの離脱を模索しているように映った。主力のファミマが仮に抜ければ、Tポイント経済圏は一気にしぼむ。「ファミマが抜けたら、うちも抜ける」。ヤフー社長の川邊健太郎はそう明言していたとされる。川邊はCCCとの提携を決めた宮坂学の後任に当たる。

川邊の懸念を払拭しようとTポイント・ジャパン会長だった北村和彦が動く。北村が営業攻勢をかけたのが、コンビニ首位のセブン-イレブンである。北村は親会社のセブン＆アイ・ホールディングス副社長の後藤克弘にTポイント導入を呼び掛けた。

北村はヤフー側にこんな強気な姿勢を示していたとされる。「セブンを取って、逆にファミマをお払い箱にします」。北村は逐一、セブンとのやりとりを川邊に報告していた。ヤフーを何としてもつなぎ留めたかったのだ。だが、セブンはTポイントに加わることはなかった。

結局、Tポイント側はヤフーの不安の芽を取り除くことはできなかった。そして、ソフトバンクやヤフーは22年にTポイントとの関係解消を決め、自ら立ち上げたＰａｙＰａｙ（ペイペイ）を柱に経済圏を育てていく道を選ぶことになる。

ヤフーとソフトバンクとの提携解消は、ＣＣＣにとっては大打撃となった。特に携帯利用料とヤフーでTポイントが関与する売上高は合わせて1兆７０００億円に上り、そこから多くのポイントが生み出されていた。経済圏の力の源泉であるポイント流通額は大きく目減りすることになる。さらに、実務的な問題もあった。それが、22年3月末に控えるソフトバンクとヤフーが持つTポイント・ジャパン株の買い戻しのための資金の用立てである。

20年度のTポイント・ジャパンの株式価値は４００億円規模とみられていた。ソフトバンクとヤフーの持ち株を買い取るには、１００億〜２００億円の資金が必要となる。ポイント事業の立て直しだけでなく、資金調達も見据えた、新たなパートナー探しが急務となったのだ。

Tポイントの有力な提携先としては、流通大手のイオンの名前も浮上した。だが、最右翼となったのがライバルのdポイントを展開するドコモだった。

15年12月にスタートしたdポイントは、ファミマやENEOSホールディングスといったTポイントの主力加盟店に食い込むなど急成長を遂げていた。ただ、先行する楽天ポイントとはまだ差がある中で、Tポイントの加盟店網やデータの分析ノウハウを何としても取り込みたかった。

関係者によると、ドコモとCCCは22年半ばには、ドコモがTポイント・ジャパンに資本参画する方向で議論が煮詰まっていたという。ディールをCCC側でリードしていたのが、Tポイント・ジャパンの会長だった北村や取締役の尾瀬明寛である。

協議は直近で形勢が逆転していたドコモが有利に運んでいた。具体的には、ドコモがTポイント・ジャパンに二百数十億円を出資し、株式を51%取得する方向だった。10カ月近い交渉の末、両者は合意寸前に至ったとされる。ドコモがTポイントを傘下に収めれば、再びポイント経済圏の版図が大きく塗り替わったはずだ。

ところが、ドコモとTポイントの提携は幻となる。CCCが突如、別のパートナーに実質的な身売り相手として飛び付いたためだ。別のパートナーとは三井住友フィナンシャルグループ（FG）である。22年10月3日、CCCは三井住友FGと資本・業務提携することで基本合意したと発表した。

ＣＣＣと三井住友ＦＧの交渉は「短期決戦」だった。23年6月に両社が開いた記者会見で、三井住友ＦＧ社長グループＣＥＯだった太田純は「こんなスムーズな交渉は初めて」と笑顔を浮かべたほどだ。太田や増田ら関係者4人で初めて会ったのが8月ごろ。基本合意の公表が10月なので、実質1カ月ほどの議論で決まったことになる。

ドコモが先行していたＴポイントの争奪レースは、ダークホースの三井住友ＦＧが一挙にまくった格好となった。ドコモにとっては、Ｔポイントの翻意はまさに寝耳に水だった。合意寸前まで至りながらのちゃぶ台返しに、「さすがに全員が激怒した」（ドコモ関係者）とされる。

ＣＣＣ社内にも合意寸前のドコモから三井住友ＦＧへの乗り換えに関して疑問の声もあったようだ。「当社グループ取締役の辞任に関するお知らせ」。22年8月19日、ＣＣＣはそう題したリリースを公表している。中身は、ドコモとの交渉を担っていた北村と尾瀬が8月17日付でグループの取締役を退任したというものだ。

2人の退任はＣＣＣと三井住友ＦＧが交渉に入ったタイミングに重なる。加えて、ＣＣＣ関係者によると、リリース前に北村らの名前がホームページ上から突然消え、社内放送でも、「北村らと当社は一切関わりはない」などといったアナウンスが流されたという。

ドコモとの交渉を主導した北村らと、三井住友ＦＧを選んだ増田との間で、意見の不一致があったとみる関係者は多い。

とりわけ、北村の退任は業界関係者に衝撃を与えた。北村はＴポイントを生んだ笠原のＮＥＣ時代の後輩で、その縁でＣＣＣに入社した。笠原がＣＣＣを去ると、北村がＴポイント事業のかじを取ってきた。Ｔポイントの劣勢が続く中で、孤軍奮闘を続けてきた北村の離脱によって、Ｔポイントは船頭役を完全に失うことになった。

ＣＣＣが三井住友ＦＧを選んだのはなぜか。それは条件にほかならない。両社で合意したＴポイントの運営会社への出資比率は、ＣＣＣ側が60％で三井住友ＦＧ側が40％である。

過半を譲るドコモとの提携案に比べて、ＣＣＣは主導権を維持できる。

そもそもドコモとのディールでは、過半数をドコモ側に譲ることに増田は難色を示していたともされる。増田の過半出資へのこだわりは、１９９０年代に少額出資で参入した衛星放送事業が大失敗に終わったことも大きな理由の一つだ。

さらに、金額の条件も良かった。三井住友ＦＧ側の出資額は４００億円規模とされる。これは、足元の苦境を反映したＴポイントの事業価値を踏まえると破格だ。もちろん、ドコモが提示した二百数十億円を大きく上回る。交渉の当事者たちを切ってでも進めたかったのも無理はない。別の関係者によると、ＣＣＣは当時、金融機関から４００億円規模の借り入れがあったとされる。三井住友ＦＧが提示した出資額は、借金を「チャラ」にできる規模だったのだ。

条件面ではＣＣＣが満足する内容だったが、失ったものもある。それがＴポイントの名称である。24年4月、Ｔポイントの名称は消え、Ｖポイントに姿を変えた。20年にわたって培われてきたブランドは消滅したのだ。

23年6月の会見の中で、増田はＴポイントの名称が消えることについて、「僕はあんまりこだわりはない」と語った。名を捨てて実を取った形だが、「共通ポイント＝Ｔポイント」というイメージまで浸透した強力なブランドを捨て去ったことに対しては批判的に見る向きも少なくない。

日本初の共通ポイント、Ｔポイントはポイント経済圏を築き上げた。だが、後に生まれた新たな経済圏によって、Ｔポイントは王者の地位から引きずり下ろされることになった。そして、窮地にあったＴポイントをのみ込んだ三井住友ＦＧの電撃参戦で、ポイント経済圏の覇権争いは第3幕が開くこととなったのだ。

POINT
Vポイント
PayPay
Ponta
R
POINT
楽天ポイント
d POINT
dポイント

エピローグ　2強時代の到来

2024年4月22日、Tポイントを統合した新生Vポイントがスタートした。3メガバンクの一角、三井住友フィナンシャルグループ（FG）がカルチュア・コンビニエンス・クラブ（CCC）と組んで、楽天グループやNTTドコモなど強豪がひしめくポイント経済圏の覇権争いに名乗りを上げたのだ。

「独自の経済圏を確固たるものにする」。23年11月25日に65歳で急逝した三井住友FG前社長の太田純は、22年末のダイヤモンド編集部のインタビューの中で、意気込みをそう語っていた。

インタビューに先立つ数カ月前に三井住友FGはTポイントを展開するCCCとの資本・業務提携を発表。自社のVポイントにTポイントを統合し、新生Vポイントを展開する方針を明らかにしていた。ポイント経済圏の覇権争いにメガバンクグループが参戦するというエポックメーキングな出来事である。

新生Vポイントの会員数は8600万人程度と国内有数の規模となった。Tポイントが持っていた15万の加盟店に加え、Visaカードが持つ世界1億店以上の加盟店で利用できることが強みだ。三井住友ＦＧはスマートフォン向けの金融アプリ「Ｏｌｉｖｅ（オリーブ）」で個人向けの決済や金融サービスのデジタル化を進めている。それらを結び付けるものが、Ｖポイントなのだ。

「現状のまま何も変えずに放っておくと凌駕される」。大胆な手を打った太田はインタビューで楽天やドコモなどの巨大なポイント経済圏に埋没することへの危機感もにじませていた。Ｔポイントとの提携交渉を先行していたドコモに割り込む形で、電撃提携に踏み切ったのは、経済圏の柱にはポイントが欠かせないという強い意思の表れだったのである。

だが、新生Ｖポイントのスタートからまだ間もないにもかかわらず、拡大シナリオには誤算が生じている。

一つが、加盟店網の広がりに勢いを欠いていることだ。Ｖポイントはスタートに先立ち、加盟店開拓に力を入れてきた。ある小売り大手の首脳は「三井住友カードの担当者が訪れてきた」と打ち明ける。三井住友ＦＧの取引先企業に狙いを定め、営業をかけていたのだ。

その作戦は奏功している。24年1月、ゼンショーホールディングスは牛丼チェーン「すき家」や回転寿司「はま寿司」などグループの約４０００店でＶポイントを導入すると発表した。また、家電量販大手の上新電機も導入する方向だ。両社とも三井住友ＦＧの取引先である。銀行の「力」でＴポイント時代に食い込めなかった加盟店を新たに獲得しているのだ。

ただし、加盟店網は全体では広がっているとは言い難い。なぜなら、新たな加盟店を獲得する一方で、Tポイント時代からの加盟店の脱退が相次いでいるからだ。直近では、23年1月にホームセンターのジョイフル本田が、同年8月にはニトリホールディングス傘下の島忠がTポイントの取り扱いをやめた。三井住友FGと組む前だが、21年には三井のリパークも脱退している。

さらに、コンタクトレンズのアイシティを展開するHOYAは24年8月末にVポイントとの契約を終了した。新生Vポイントがスタートして間もないタイミングである。今後もVポイント陣営を去る加盟店が出てくるもようだ。

しかも、ジョイフル本田はTポイントを離脱し、ドコモのdポイントに絞った。09年9月からTポイントを扱ってきたHOYAも24年2月に導入した楽天ポイントに一本化する。要するに楽天やドコモに剝がされているのだ。三井住友FGとの提携前では、スポーツ用品大手のアルペンや、沖縄のスーパーの金秀商事、九州地盤のドラッグストア、ドラッグイレブンなどがTポイントを脱退し、楽天ポイントに切り替えている。

理由は明白だ。Vポイントの力が弱まっているのだ。例えば、Vポイントが新たに獲得したゼンショーでは、ポイントが絡む売上高を示す関与売上高のシェアのうちVポイントはわずか数パーセントにすぎず、楽天やドコモに大きく見劣りする。楽天ポイントとdポイントさえあれば、大半の顧客の購買が補捉できる。加盟店にとっては、コストをかけてまでVポイントを継続するメリットが薄れているのだ。

Tポイント時代からの主力加盟店で、ポイントの併用も広がっている。今やENEOSホールディングスやファミリーマート、すかいらーくホールディングス、エディオン、オートバックスセブン、吉野家などかつては「Tポイントのみ」だった加盟店は、楽天ポイントにも門戸を開放した。Vポイントの経済圏が楽天とドコモに侵食されつつあるのだ。

そして、もう一つの誤算が、人材の流出である。CCC時代にTポイントを生み出した笠原和彦は、楽天でポイント事業の総責任者を務める。笠原と同じようにCCCから楽天に流れた者は多い。Tポイントの運営会社、旧Tカード&マーケティング（Tポイント・ジャパンを経て現CCCMKホールディングス）常務で営業担当だった今井衛や、Tポイントのシステム開発をゼロから立ち上げたシステム部長の浜田進、データ分析のトップを務めた朝稲努らTポイントの草創期からの主力メンバーが楽天に移った。また、Tポイント・ジャパン取締役だった佐藤淳や、執行役員だった大野健司も楽天に籍を置く。

また、CCCが三井住友FGと提携する前に、ドコモとの提携交渉を担っていたTポイント・ジャパン会長の北村和彦や取締役の尾瀬明寛が電撃退任した。Vポイントにとって何より痛手といえるのが、北村の後任としてTポイント・ジャパン社長も務めた長島弘明の離脱である。

長島はTポイントの分析チームのメンバーを引き連れて、イオン傘下でWAON（ワオン）ポイントを運営するイオンマーケティングの常務取締役に転じた。Tポイントのデータ分析は、業界でも定評があった。ドコモがTポイントとの提携を目指したのも、データ分析のノウハウを取得する狙いがあったとされる。Tポイントが持っていた強みは長島らの離脱とともに失われた。主力級が相次ぎ抜けたVポイントは「抜け殻」のような状態に陥っているといえる。

実は、その長島がイオンで課せられたミッションと目されるのが、Vポイントの主力加盟店の切り崩しである。主力加盟店とは、ドラッグストア最大手のウエルシアホールディングスと、大手スーパーのユナイテッド・スーパーマーケット・ホールディングス傘下のマルエツである。共にイオンと資本関係のあるグループ企業だ。

長島をイオンに口説いたのは、長島がTポイント時代に長らく担当してきたウエルシアの前社長だった松本忠久とされる。長島の移籍によって、かねてうわさされてきたウエルシアとマルエツでのWAONへの切り替えが現実味を帯びている。Vポイントは、人材流出にとどまらず、大黒柱ともいえる主力の加盟店をさらに失う危機にも直面しているのだ。

Ｔポイントがデータ分析に強みを持っていた理由に、ポイントを媒介にして取得していた購買データの存在がある。Ｔポイントは購買動向が単品単位で把握でき、それが加盟店への精緻なマーケティング支援を実現してきた。だが、Ｖポイントでは、単品の購買データは取得していないとみられる。従って、店舗での顧客の購買総額は分かるが、具体的に何を購入したかは分からないのだ。データ分析の「深さ」にも影響するのは間違いない。

「思ったよりも出だしに勢いがない」。ポイント業界の関係者は、4月にスタートしたＶポイントについてそう指摘する。同関係者が理由に挙げるのが知名度不足である。三井住友ＦＧとＣＣＣはＴポイントをＶポイントに統合した。その結果、20年もの歴史を持つＴポイントの名称は消えることになった。「共通ポイント＝Ｔポイント」というイメージすら浸透していた強力なブランドを捨て去ったのだ。ブランドの再構築は容易ではない。

24年には五大陣営のＰｏｎｔａ（ポンタ）にも大きな動きがあった。主力加盟店のローソンを巡り、親会社だった三菱商事がＫＤＤＩとの共同経営に踏み切ることを決めたのだ。2月に開かれた3社の記者会見で、ＫＤＤＩの髙橋誠社長はＰｏｎｔａの強化を明言した。

ただし、Ｐｏｎｔａも近年はＶポイントと同様に経済圏の広がりに勢いを欠いてきた。大手の獲得は限られ、既存の加盟店がじわじわと減っているのだ。例えば、アイリスオーヤマグループのホームセンター、ユニディは22年にＰｏｎｔａの取り扱いをやめ、楽天ポイントに切り替えた。ゼンショーも同年、Ｐｏｎｔａから脱退した。

三菱商事が旗振り役となって発足したＰｏｎｔａ経済圏には、ローソンをはじめ、ライフコーポレーションや成城石井といった三菱商事に関係する企業が目立つ。だが、楽天やドコモはそこにも切り込んでいる。象徴例が、日本ＫＦＣホールディングスが展開するケンタッキーフライドチキン（ＫＦＣ）である。23年10月、Ｐｏｎｔａが長らく押さえてきたＫＦＣに楽天ポイントが割って入った。その後、三菱商事は半世紀以上も経営に関わってきたＫＦＣを投資ファンドに売却した。三菱商事のリテール戦略見直しの余波が経済圏に影響を及ぼしている。

Ｔポイントや楽天、ドコモと比べ、Ｐｏｎｔａの加盟店戦略は「三菱」に強く依存してきた。特に加盟店開拓を積極果敢に進める後発の楽天とドコモに比べ、「Ｐｏｎｔａの営業力は見劣りする」（業界関係者）とすら言われてきた。

競合との差別化の一つが加盟店手数料である。Ｐｏｎｔａのシステム利用料は、Ｔポイントなどと比べて、5分の1ほどのケースもあるという。Ｐｏｎｔａが18年に楽天との争奪戦の末に確保したドラッグストアのトモズも「安さ」が決め手となったようだ。ただし、廉価の一方で、加盟店支援は楽天やドコモに比べて手薄とされる。

ＫＤＤＩがＰｏｎｔａのてこ入れに乗り出しても、加盟店網の柱となるのはローソンである。楽天やドコモのように、使える場を広げていかない限り、経済圏は活性化しない。

覇権争いの構図は20年で大きく様変わりした。Tポイントは先駆者としてポイント経済圏を初めて打ち立てた。さらに、Ｐｏｎｔａが続いた。後発の楽天やドコモがそこに風穴を開け、はるかに巨大な経済圏を築き上げた。新旧主役の交代劇によってVポイントやＰｏｎｔａは劣勢に立たされている。

経済圏の強さは、二つの観点から測れる。一つが、ポイントの発行額である。経済圏を循環するポイントの量こそが、力の源泉なのだ。

発行額は楽天が年間７０００億円弱に上り、楽天を追うドコモは３０００億円半ばとされる。Tポイントとの提携を解消したソフトバンクやZホールディングス（旧ヤフー。現ＬＩＮＥヤフー）が最後発で立ち上げたＰａｙＰａｙ(ペイペイ）ポイントも６０００億円規模に拡大した。対するTポイントは大きく見劣りしていた。ソフトバンクなどの離脱で、発行額は年間で１０００億円を下回っていたもようだ。

ただ、Vポイントとの統合によって大きく底上げが図られた。三井住友カードのショッピングの取扱高は30兆円超。仮に付与率を１％と置くと、３０００億円規模のポイントを生み出す計算だ。新生Vポイントは発行額では、楽天やドコモへの追撃態勢を整えたといえる。Ｐｏｎｔａは、ＫＤＤＩが積極投資に踏み切るかどうかが鍵となる。

もう一つの尺度が、経済圏が有するデータである。データの観点では、楽天が圧倒的だ。楽天市場という巨大なＥＣ（電子商取引）からリアルに攻め込んだ楽天は、ＥＣでの購買データに加え、楽天カードやスマホ決済の楽天ペイ、電子マネーの楽天Ｅｄｙといった金融事業による個人情報や決済データ、そしてポイントを介したリアルでの購買データなどを押さえる。40兆円ともいわれる全体の取引量をベースとした巨大なデータベースを誇るのだ。

リアルの加盟店網を拡大してきたドコモは24年にＥＣの巨人、アマゾンジャパンとポイント事業で提携した。狙いは、盤石なモバイル事業に比べ、長らく弱点となってきたＥＣ分野での補強である。ただ、両社の取り組みは十分とは言い難い。ｄポイントがたまるのはアマゾンのサイトでの1回の注文が５０００円以上の場合のみで、たまるポイントの上限も１００ポイントまで。アマゾン側が極めて有利な「不平等条約」にすら映る。

ドコモと同様にＰｏｎｔａやＶポイントもＥＣや決済の分野はまだ手薄だ。Ｖポイントは、Ｔポイントがヱホールディングスとの提携を解消して以来、ＥＣの抜本的な強化策は手付かずとなっている。三井住友ＦＧとの提携で、資産運用などにリーチを広げたが、カバーしているデータは楽天などと比べると心もとない。しかも、Ｖポイントは、ドコモやＫＤＤＩが持つモバイル事業という強力な柱も存在しない。

ポイント経済圏の覇権争いに最後発として参戦したのが、ソフトバンク陣営のPayPayポイントだ。スマホ決済のPayPayは22年春に共通ポイントへの参入構想を明らかにし、グループ内のみだったポイントを外部開放した。Tポイントとの提携を解消し、自らの力でポイント経済圏への構築に乗り出したのだ。当初は、「ファーストリテイリングが展開するユニクロやセブン-イレブンをポイントの加盟店にすべく動いていたようだ」（前出の業界関係者）。だが、そうした目玉企業の獲得には至っていない。現在のPayPayポイントの経済圏の広げ方は、ほかの4陣営とはやや毛色が異なる。ポイントの加盟店契約を企業と結んでいるわけではないようだ。スマホ決済サービスが起点となっている故の独自戦略といえるかもしれない。

データに関しては、ソフトバンクはモバイルと決済を押さえているが、やはりECについては課題だ。ソフトバンクは、Yahoo!ショッピングのてこ入れに何度も取り組み、19年11月にはファッションECの「ZOZOTOWN」を運営するZOZOを買収した。だが、アマゾンや楽天市場との差は大きい。

「量」と「質」の観点から経済圏を比べると、Tポイントに取って代わった楽天と、それに続くドコモが大きくリードしていることは間違いない。まさにポイント経済圏の2強時代が到来したともいえる。近年は優勝劣敗がさらに鮮明になっている。

楽天とドコモが足元で仕掛けるのが激しい淘汰戦である。２強はＶポイントなどの加盟店網を攻め、自らの経済圏をさらに肥大化させているのだ。本格参戦した三井住友ＦＧやＫＤＤＩが「２弱」への定着を避けるため、今後、反転攻勢に打って出ることは間違いない。ポイント経済圏の覇権を巡る五大陣営の熾烈な戦いはまだまだ続く。

あとがき

筆者がポイントについて取材を始めたのは、今からちょうど10年前にさかのぼる。新聞記者として動きを追っていた楽天（現楽天グループ）が、２０１４年10月に共通ポイント事業への参入に踏み切ったのがきっかけだった。早速、楽天のポイントカードを持ったが、当初は楽天の旧本社のそばにあったサンクスで使った記憶しかない。利用できる場所がかなり少なかったのだ。

当時、共通ポイントといえば元祖ともいえるＴポイントの知名度が圧倒的だった。楽天はＥＣ（電子商取引）こそ強かったものの、リアルに足場はほぼなかった。「楽天に勝ち目はないのでは」。正直そう感じていた。しかし、恥ずかしながらそんな見立ては大いに外れることになる。それから10年間で、楽天はＴポイントを逆転し、今や日本で最も巨大なポイント経済圏を誇っている。

本書で触れたように後発の楽天が、Ｔポイントの1強支配を崩せた要因は幾つかある。一つが、ＥＣや金融といった経済圏にとって欠かせない機能を楽天が押さえていたこと。そして、それらをベースに経済圏の力の源泉であるポイントの流通量とデータを膨らませてきたことだ。

洋の東西を問わず、シェアトップの横綱企業をチャレンジャー企業が倒す例は幾つもある。今や検索エンジンで圧倒的なシェアを持つ米グーグルも元々は後発である。そうした点に倣えば、ポイント経済圏の覇権争いも企業の戦略論の観点から非常に興味深い事例であろう。

ただし、筆者が取材を通じて感じたのは、そうした企業単位ではなく、個人単位の方が、本質がよく見えるということだ。本書に詳細を記した、楽天とローソンの幻の提携構想は最たる例といえるだろう。さまざまな利害関係者の人間関係や感情、思惑が交錯し、最終的には破談に至った。当時の三菱商事やローソンの社長が違う人物であれば、また異なる結末となったはずだ。

つまり、ビジネスを動かしているのは結局のところ、人であり、人の感情なのだ。本書で、登場人物を実名で紹介しているのは、まさに人こそが主人公であることを強調するためでもある。ポイント経済圏を巡る覇権争いは、人が織り成すダイナミックな叙事詩と言っても過言ではない。本書を通してそのことを感じ取ってもらえれば、書き手としてはこの上ない喜びである。

本書は、ダイヤモンド・オンラインで23年10月から連載している「共通ポイント20年戦争」をベースにしたものだ。筆者としては、まとまった記事を連載形式で毎週のように配信するのは初めてのことだったが、執筆は決して苦にはならなかった。

理由は、関係者が打ち明けてくれたエピソードがあまりにも面白かったからにほかならない。取材中に時間がたつのを忘れてしまったこともしばしばある。世の中に出す前に、当事者しか知らない話が聞けることは何よりの役得だった。貴重な時間を割いていただいた全ての関係者の方々に深く御礼を申し上げる。

ダイヤモンド編集部では、異色の連載にゴーサインを出してくれた上司、他の業務と並行して連載を進めることを理解してくれた同僚にも感謝している。そして、書籍制作について多大な支援を賜った柴田むつみ氏や布施育哉氏、高瀬俊氏にも深謝申し上げる。最後に、記者生活を温かく見守ってくれている両親や家族にも謝意を表したい。

2024年9月

名古屋和希

Pontaポイント	dポイント
LAWSON STATION	FamilyMart LAWSON STATION ポプラ
apollo station	ENEOS apollo station cosmo 伊藤忠エネクス
	Fuji タイヤはフジ NIPPON Rent-A-Car
	JOYFUL HONDA HANDS
Takashimaya	Takashimaya Keio
ライフ サンリブ 成城石井 SUNNY MART albis	ライフ サンリブ FUJI
ミネドラッグ Tomod's 大賀薬局	ココカラファイン マツモトキヨシ クスリのアオキ ミネドラッグ Tomod's Fit Care DEPOT 大賀薬局 薬局 サツドラ 新生堂薬局 Welpark ウェルパーク たんぽぽ薬局 ゴダイ YAKUODO 薬王堂
KFC あさくま DOUTOR	ZENSHO 松屋 杵屋 熱烈中華食堂 日高屋 つぼ八 あさくま Wendy's First Kitchen 海鮮居酒屋 はなの舞 かっぱ寿司 mister Donut MOS BURGER 平田牧場 DOUTOR PRONTO
エースコンタクト	ADASTRIA AZUL BY MOUSSY SAKAZEN Mac-House エースコンタクト Aigan メガネスーパー EYE CARE STATION メガネのヨネザワ アイメガネ
AOKI	AOKI 洋服の青山 はるやま KONAKA コナカ
Joshin ビックカメラ	Joshin EDION エディオン ビックカメラ nojima
RENAISSANCE HIMARAYA	RENAISSANCE GOLF TSURUYA
GEO アパマンショップ UR賃貸住宅 サカイ引越センター 0123 アート引越センター ハート引越センター GiGO ROUTE INN HOTELS MARUZEN JUNKUDO 三洋堂書店	nishikawa GiGO リーブ21 ハート引越センター エイブル MARUZEN JUNKUDO 三洋堂書店 TOHAN TOWER RECORDS animate AEON CINEMA BIG ECHO ROUTE INN HOTELS
じゃらん HOT PEPPER Beauty HOT PEPPER グルメ	amazon

四大陣営の主な加盟店

カテゴリー	楽天ポイント	Vポイント
コンビニエンスストア	FamilyMart、Daily YAMAZAKI、ポプラ	FamilyMart
ガソリンスタンド	ENEOS、apollo station、COSMO、伊藤忠エネクス、KYGNUS、SOL'A'TO、丸紅エネルギー	ENEOS
カー用品・レンタカー	Yellow Hat、AUTOBACS、jms、NIPPON Rent-A-Car、J-net	AUTOBACS、NIPPON Rent-A-Car
ホームセンター	コーナン、ENCHO、VIVA HOME ホームセンタービバホーム、musashi、ユニディ、HANDS	
百貨店	MATSUYA、東急百貨店 TOKYU、ながの東急百貨店 TOKYU、JR髙	
商業施設	ShinQs、SHIBUYA STREAM、rise、JR Takashimaya GATETOWER MALL、BRANCH、Frespo	you me
スーパーマーケット	SEIYU、Beisia ベイシア、ヤマザワ、ALPS、HelloDay、ITOKU、かねひで、エレナ、SUNNY、大阪屋ショップ、MATSUGEN マツゲン、FRESTA、CUPID、いちい、Mom FOOD MARKET、FUJI、Ace One、ドミー、サンプラザ、食は愛 Pantry & Lucky	maruetsu、マミーマート、TOBU STORE、FUJI、A-COOP、RYUBO FOOD MARKET
ドラッグストア	ツルハドラッグ、B&D、くすりの福太郎、ウェルネス、Wants、レデイ、杏林堂、サンドラッグ、SEKI、ダイコクドラッグ、SEIMS、ユタカ、ドラッグヤマザワ、ドラッグミック、ヤックス、大賀薬局、ミネドラッグ、ファーマライズ薬局	welcia、ユタカ、クスリのアオキ、薬局
グルメ・外食	KFC、幸楽苑、ZENSHO、吉野家 YOSHINOYA、はなまる、日高屋、KURA、Ringer Hut、濵かつ、ほっかほっか亭、Royal Host、串家物語、つぼ八、あさくま、mister Donut、PRONTO、FUJIYA	ZENSHO、吉野家 YOSHINOYA、杵屋、牛角、DOUTOR
ファッション	UNITED ARROWS、nano universe、SHIPS、JUN、SANYO、UR URBAN RESEARCH、ABAHOUSE、KOMEHYO、REGAL SHOES、SNIDEL、pique、coen、Right-on、eyecity、エースコンタクト、メガネスーパー	new balance、眼鏡市場
紳士服	コナカ	洋服の青山
家電	Joshin、EDION エディオン、ビックカメラ	EDION エディオン
スポーツ	Alpen、SPORTS DEPO、GOLF5、好日山荘、Rakuten GORA	好日山荘
その他専門店	AGAスキンクリニック、SBC 湘南美容クリニック、サカイ引越センター、ハート引越センター、アリさんマークの引越社、MARUZEN JUNKUDO、TOHAN、TEAR、Fujikyu	TSUTAYA、ALBION、Shaddy、LIXIL、MARUZEN JUNKUDO、紀伊國屋書店、Honya Club
EC	Rakuten、Rakuten Travel、Rakuten ブックス	

2024年9月1日時点。加盟店は企業名やブランド名を含む。PayPayポイントは4陣営と加盟店契約が異なるため除外

［著者］
名古屋和希（なごや・かずき）
1979年東京都生まれ。2004年慶應義塾大学経済学部卒業後、産経新聞社入社。08年に日本経済新聞社に入社し、経済部と企業報道部で中央省庁や金融機関、企業などを取材した。11年の東日本大震災時に特別取材班記者として被災地に半年間駐在。17年に退社し、フリー。20年英カーディフ大学大学院優等修士号（政治コミュニケーション）取得。21年にダイヤモンド編集部に加入し、22年よりダイヤモンド編集部副編集長。

ポイント経済圏20年戦争
——100兆円ビジネスを巡る五大陣営の死闘

2024年10月15日　第1刷発行

著　者——名古屋和希
発行所——ダイヤモンド社
〒150-8409　東京都渋谷区神宮前6-12-17
https://www.diamond.co.jp/
電話／03･5778･7214（編集）　03･5778･7240（販売）
ブックデザイン—小口翔平＋畑中茜（tobufune）
校正————渡辺公子
製作進行———ダイヤモンド・グラフィック社
本文デザイン･DTP—水谷明彦（ダイヤモンド・グラフィック社）
印刷／製本——勇進印刷
編集担当———ダイヤモンド編集部

ISBN 978-4-478-12117-7